続
私たちはなぜ
小沢一郎を
支援するのか

日本に真の民主主義を確立するために

小沢一郎を支援する会　編

はじめに　～なぜ再び小沢一郎なのか

二〇一一年（平成二三年）四月、私たちは私たちの考えと取り組みとをまとめた本を出しました。題名は『私たちはなぜ小沢一郎を支援するのか』。出版時の日本は、前月に東日本大震災と福島第一原発の事故という未曾有の大災害が起こった混乱の時期でした。政治も混迷し、その様子は、国家の最高指揮官として官邸で差配すべき首相・菅直人が、何を思ったか自らヘリコプターで原発に飛び、現場作業を中断させて演説しただけで帰ってきたことにも象徴されていました。

いつ実施されるかわからない東京電力による無計画な「計画停電」を心配しつつ、出版に向けた最終のゲラチェックを終えた私たちは、当時の民主党政権の不甲斐なさを嘆き、この政権の前途に大いに不安を感じていました。そしてその不安は現実となり、同年に野田佳彦内閣に代わり、翌年一月には、政権を自民党に明け渡すこととなったのは、周知のとおりです。

この頃、小沢一郎は〝沈黙〟していました。小沢政権を阻止するためのでっち上げである「小沢事件」により、マスコミを総動員しての批判と、身内であるはずの民主党内からも、「小沢さんは少し黙っていてくれ」（菅直人）と排除されていたのです。

私たちが小沢一郎支援の会を立ち上げ、その活動を本にまとめて世間に訴えた時、私たちは、多くの人から「よりによって、なぜ小沢なのか」と言われました。私たちが活動をはじめたのは、でっち上げを鵜呑みにした「小沢批判」「小沢攻撃」が、日本の民主主義を崩壊させると考えたからです。本の副題を『日本に真の民主主義を確立するために』としたのもそのためです。「民主主義を守る」ではありません。守る以前に、確立さえしていないのです。

私たちが声を上げたことに呼応するかのように、識者の中には「小沢批判」「小沢攻撃」が、何かの〝為に行われている〟ことに気づき、警鐘を鳴らす人たちも出てきました。そして「小沢事件」が、裁判での無罪判決を見るまでもなく、そもそも「事件」ですらないことがわかるにつれ、広く一般にも、「小沢批判」「小沢攻撃」の怪しさが理解されるようになっていきました。

だからそれでよかったのでしょうか。そうではありません。

マスコミは例によって自らの誤報とミスリードについて、謝罪も反省もせずにいますが、ネットの世界では「小沢事件」がでっち上げであったことは〝定説〟となっています。それでも、一部のネトウヨ、頑迷な左翼、〝文化人〟と呼ばれる著名人らによる小沢批判の書き込みも相変わらず少なくありません。この中には、「小沢事件」が冤罪であることを理解していない者もいますが、それを知った上でフェイクニュースを垂れ流している者もいます。でっち上げの「小沢事件」はまだ続いているのです。

小沢一郎が「小沢事件」で民主党の代表を辞任したのは、二〇〇九年（平成二一年）五月です。それから一〇年、この国の政治はどうであったでしょうか。小沢を「批判」し、「攻撃」し、「排除」した者たちの目論見が成功したのが、今日の日本の政治状況です。二大政党を目的に結成された旧民主党は四分五裂し、国家機関の劣化を象徴しているともいえるモリカケ事件をはじめ一連の問題にケジメもつけぬ厚顔無恥な安倍晋三内閣は、戦後最長政権となっています。

時代は平成から令和に代わり、私たちが支援する小沢一郎は七七歳となりました。自身が率いる国会議員・衆参合わせて六名は国民民主党に合流しましたが、かつてのような勢力ではありません。それでも小沢一郎にこだわり続けている私たちは、この一〇年近い歳月における小沢一郎とその周辺の戦い、日本の政治状況、私たちの取り組みなどを整理し、これからの提言をまとめることとしました。それが、本書の出版の目的です。

本書の出版企画を発表した時、少なくない人々から「今さら、なぜまた小沢なのか」と問われました。私たちは答えます。『日本に真の民主主義を確立するために』今だからこそ、小沢一郎なのです。

二〇一九年（令和元年）六月

「小沢一郎議員を支援する会」代表世話人　伊東　章

目次

寄稿、ブログ記事の一部を除き、本文中の敬称は省略しています。

第1章　「小沢事件」とは何だったのか

いわゆる「小沢事件」が、「事件」ですらないでっち上げであったことは、識者の間では明らかである。それでも、世間には「小沢＝悪」というイメージが未だに浸透している。本書の第1章では、後世に事実を正しく残すために、「小沢事件とは何だったのか」を整理したい。

1 「小沢一郎議員を支援する会」の出発点

いわゆる「小沢事件」を民主主義の危機として捉えたのが、私たち「小沢一郎議員を支援する会」の出発点です。二〇一八年（平成三〇年）七月二三日、会の発足時のメンバーで、世話人の一人であった広部敏政が亡くなりました。一九八〇年代の後半から東京・豊島区議を長く務め、選挙管理委員長なども歴任しました。所属政党は、日本社会党でした。

区議を引退した後、豊島区で社会保険労務士事務所を開設していた広部は、区議時代から主張していた福祉が市民にまんべんなく行き渡る社会の実現に向けて、自身のできることに取り組んでいました。生涯、社会運動家でありたいと思ってはいましたが、平成後期の政治状況に幻滅を感じていたのは事実です。所属していた社会党は、あろうことか自民党と連立政権を組み、その後消滅しています。その流れを汲むいくつかの新党も、自民党を倒す前に離合集散を繰り返していました。

そのような中で、かつての仲間の何人かが所属する民主党から、自民党に代わり政権を取ろうとする流れが出てきました。小沢一郎と手を組んだ時は違和感を覚えましたが、アメリカべったりのこの国がこれで変わるのではと期待を持ちました。だが、その頃から猛烈な小沢叩きが始まりました。なんだか変だな、と感じていた矢先、いわゆる「小沢事件」が始まります。これは明らかにおかしい――そう感じた広部は、さまざまな情報を集めはじめました。情報を集めれば集めるほど、小沢叩きの怪しさを感じるとともに、そこに「民主主義の危機」を感じたのです。

それまで広部は、小沢一郎という政治家を支持していませんでした。むしろ敵側の人間だと考えていました。しかし小沢であろうと誰であろうと、民主主義を守るために、この件は放置できないと考えたのです。そこで同じ考えを持つ人々に声をかけました。最初は、旧社会党や労働運動の仲間、かつての学生運動の同志たちでしたが、その輪は次第に広がりました。

そのような中でめぐり合ったのが、小沢一郎の母校、都立小石川高校での同級生だという弁護士、伊東章でした。伊東を引き合わせたのは、長く労働運動を行ってきた窪頭正春です。窪頭と伊東は、広部らと同時代の学生運動仲間でした。

前巻で書いたように、学生運動を経て市井の弁護士としての人生を選択した伊東もまた、自民党政権を批判する側におり、自民党の代議士となった小沢に対しては、同窓として多少の接点はありながらも、長年、相反する思想を持つ者とみなしていました。しかし、広部同様、小沢のグループが自民党に代わり政権を取ろうという頃になってからの異常な小沢攻撃を目の当たりにし、民主主義の危機を感じていました。そして伊東を代表世話人として二〇〇九年（平成二一年）五月八日に立ち上げたのが「小沢一郎議員を支援する会」です。この会には、自民党時代からの小沢一郎支持者から日本共産党員、創価学会員、さらには右翼の論客やふつうのサラリーマンや主婦まで、さまざまな層の人々が集まるようになっていきました。

会の運動を進めていく中で、「小沢一郎はなかなかの政治家だ」と広部は思うようになりました。それは広部だけでなく、「小沢は敵だと思っていた」会の〝左翼〟の論客たちも共通して感じるようになったのです。そして、民主党政権の崩壊と民主党の消滅、安倍一強体制が続く中で、日本に真の民主主義を確立させていくためには「小沢でなければだめだ」とさえ思うようになっていきました。

旧民主党政権が瓦解し、再び政権交代を実現するために小沢一郎を支援し続けようと決意した広部でしたが、病に倒れ、二〇一八年（平成三〇年）七月二三日に帰らぬ人となりました。葬儀で会のメンバーたちは、広部が若い頃キリスト教に触れていたことを知ります。

一九三七年（昭和一二年）生まれの広部は母の薦めもあり、まだ戦争の記憶が強く残る一七歳の時、赤坂の日本キリスト教団で洗礼を受けたそうです。広部の古いプロフィールには、一八歳の時、神戸で、石川啄木の義弟である三浦清一牧師のもとで旧社会党の県会議員や社会活動家と一緒に活動し、影響を受けたと書いています。成人し結婚した後も、まだ子どもが小さかった頃は日曜日に家族一緒に教会に通ったこともあったようです。亡くなる一カ月ほど前、広部は妻に、葬儀はキリスト教で行ってほしいと告げたそうです。決して〝敬虔なクリスチャン〟ではありませんでしたが、神の前の平等と、福祉の充実による公平な社会の実現、そして小沢一郎が言う「国民の生活が第一」が、広部の中では矛盾なく連続していたのです。

以上、広部敏政のことを本会メンバーの一つの典型として紹介しました。前述のように、本会には政治的には左派から右派まで、また長年政治活動に関わった者から、まったくのノンポリを自認する市民までさまざまな人々が参加しています。共通しているのは、日本に真の民主主義を根付かせ、国民の幸せを第一とする政治を実現していきたいという思いです。これから記述する「小沢事件」のこと、小沢と平成の政界、そしてこれからの日本のありようについての考えは、そのようなメンバーたちによってまとめられていると理解していただきたく思います。

「小沢一郎議員を支援する会」活動記録（会報・ブログ）から

設立の趣旨

「小沢一郎幹事長を支援する会」設立趣意書（平成二二年三月）

平成二一年（二〇〇九年）八月三〇日、日本は戦後六五年にして初めて、真の民主主義社会の第一歩を踏み出しました。

すなわち、戦後、アメリカ占領軍と、その下で日本の政治を支配していた自由民主党の一党支配から、初めて国民による選挙、投票によって、真に民意を反映した政党が政権を握ったのです。

このことは、一二〇年以上前の明治維新に次いで、日本における二度目の革命的偉業と言えます。

私たち、政治に直接関わることのない国民の大多数が、国の基本方針を決めるための手段としては、何年かに一度行われる国政選挙で投票するしか方法はありません。

その国政選挙によって今回六〇年以上も続いた政権を初めて変えたわけですから、これは一種の革命と言っても差し支えありません。

しかしながら、一度の選挙によって政権が変わったからと言って直ちに国の政治、社会のあり方まで一変するわけではありません。

長い間、この国を支配してきた政治家、財界、官僚、マスメディアなどは、依然として古い体質のまま、国の隅々まで影響力を及ぼしており、あわよくば、また古い政治体制を復活させ、引き続き甘い汁を吸おうと狙っています。

革命によって生まれた新しい体制を快く思わない勢力が、新しい体制を破壊しようとして必死の反撃をするものであることは、過去、現在、多くの国の歴史が示しているところです。

今般、民主党が政権を獲得しようかという段階で突然東京地検特捜部によって摘発された西松建設の献金問題、そして、民主党が政権を獲得した直後に立件された陸山会の政治資金規正法違反事件は、いずれも民主党の最高実力者である小沢一郎党首、幹事長を狙い撃ちしたものであることは、一目瞭然です。

東京地検特捜部の狙いが、一人小沢一郎の失脚を意図したに止まらず、自民党を打倒して政権与党となった民主党自体の弱体化、解体、そして古い支配勢力を政権の座に復帰させることであったのも疑いのない事実です。

しかるに、旧体制の擁護者であり特権階層である大マスメディアの連日の政治的、意図的報道に踊らされた一般国民は、民主党政権実現の立役者であることも忘れ、あたかも小沢一郎党首、幹事長が極悪非道の政治家であるかのような感想を抱かされ、小沢一郎幹事長を政界から追放させようとの世論形成に加担させられているのです。

それればかりか、本来、政治のプロであるはずの民主党、それに連立政権を組む社民党の政治家、閣僚までもが、地検特捜部、大マスメディアの真の狙いを理解する力もなく、あたかも、この問題が小沢一郎一人の問題であるかのごとき無責任かつ無能な対応を繰り返しているのです。

私たちは、民主党が政権を獲得したことによって、今ようやく日本に、真の民主主義社会がスタートしようとしている矢先に、これを憎悪し嫌悪する旧勢力の反革命テロによって時代を逆戻りさせることを断固として阻止しなくてはなりません。

今、小沢一郎幹事長個人に向けられている攻撃は、正しく私たち、真の民主主義社会を求める国民全体に対するものです。

それにもかかわらず、小沢一郎幹事長を擁護しようという声がどこからも発せられないということは、実に由々しいことです。

私たちは、以上のような状況認識に立って、小沢一郎幹事長を支援することを、声を大にして訴えるものです。

政治的信条の違いを超え、この国に真の民主主義を花開かせるために、一人でも多くの有志の皆さんが賛同されることを切に願うものです。

2　「小沢事件」と日本の政治状況

「小沢事件」はなかった

後世のために、いわゆる「小沢事件」、「西松建設事件」と「陸山会事件」について整理し、記録します（役職はすべて当時のもの）。

西松建設事件とは

二〇〇二年（平成一四年）から二〇〇六年（平成一八年）までの四年間にわたり、西松建設株式会社の政治団体である「新政治問題研究会」と「未来産業研究会」から合計三五〇〇万円が小沢一郎の政治団体である陸山会（二一〇〇万円）と民主党岩手県第四区総支部（一四〇〇万円）に献金されていました。

これに目をつけた東京地検は、二つの政治団体は実質は西松建設と一体で、単なる西松建設のダミーに過ぎないのに、西松建設ではなく二つの政治団体からの献金として二〇〇四年（平成一六年）の政治資金収支報告書に記入したのは虚偽記載である、との嫌疑をかけて二〇〇九年（平成二一年）三月三日、陸山会事務局担当の小沢一郎の公設第一秘書・大久保隆規を逮捕したのです。

これに伴ない、陸山会事務局と岩手県の小沢事務所に対する東京地検の家宅捜索も行なわれました。同月二四日には、早くも大久保隆規と前・西松建設社長（西松幹雄）が起訴されました。

ところが、二〇一〇年（平成二二年）年一月一三日に開かれたこの裁判の第二回目の公判において、検察側の証人として法廷に立った元・西松建設の役員が、「未来産業研究会」、「新政治問題研究会」は、西松建設のダミーではなく、正当な政治団体であったことを証言したのです。

この結果、東京地検は、西松建設からの政治献金問題で大久保隆規の罪を問うことが不可能と判断したため、同年二月二六日予定されていた第三回公判の直前に急遽起訴事実を変更したのです（訴因変更）。

ここで訴因変更というのは、新たに陸山会事件として展開される小沢一郎の世田谷区の土地購入をめぐる四億円の金の流れをめぐる、政治資金収支報告書の虚偽記載問題と関係するものです。

すなわち、小沢一郎が土地の代金として四億円を秘書らに預け、これが売主に支払われたのが二〇〇四年なのに、そのことが二〇〇五年の取引として収支報告書に記載されていることが、虚偽記載である、ということで、新たに二〇一〇年一月一五日に大久保隆規、私設秘書・池田光智、元秘書で衆議院議員の石川知裕を逮捕した事件です。

東京地検は、大久保隆規に対する西松建設の政治団体からの政治献金問題では、有罪に出来ないと考えたため、新たに陸山会事件をデッチ上げ、ここで、池田光智、石川知裕とあわせて、大久保隆規を被告とするために、訴因変更手続をして、三人を同じ土俵に上げたのです。

訴因変更の内容は、西松建設の政治団体からの献金に関する二〇〇四年の政治資金収支報告書虚偽記載を、世田谷区の土地購入に関する四億円、三億五〇〇〇万円の資金、売買代金の流れに関する二〇〇四年の政治資金収支報告書虚偽記載とあわせて起訴する、というものでした。

もともと、二〇〇四年作成の政治資金収支報告書の虚偽記載で起訴しておきながら、西松事件で大久保隆規を有罪に出来ないと考えたために、同じ報告書の世田谷区の土地購入をめぐる資金の流れについての虚偽記載を改めて起訴事実に加えたのです。

そもそもは、同じ二〇〇四年の収支報告書に関する虚偽記載ということですから、このような訴因変更は、本来認められないはずであるのに、東京地裁は、東京地検の要求を容れ、訴因変更を認めたのです。

その結果、西松建設事件は陸山会事件に吸収される形になりました。

そして、この西松建設事件についても、陸山会事件の判決の中で、大久保隆規は有罪とされたのです。

つまり、西松建設の二つの政治団体は、西松建設が社名を秘して政治献金を行なうための隠れ蓑（ダミー）であるとして、西松建設からの献金である、と断定したのです。

しかし、政治資金規正法によって認められる政治団体というものは、同法の要件を満たしていて、団体として届出がなされていれば、独立した立派な政治団体なのであり、それがある企業などの隠れ蓑（ダミー）

であるなどということは、理論上あり得ないことです。

ちなみに、西松建設事件が表面化した段階で、麻生内閣の官房副長官であった元・警察官僚の漆間巌は、同じく西松建設の政治団体から政治献金を受けていた自民党議員（二階俊博、森喜郎、加藤紘一、古賀誠など）には（捜査が）波及する可能性はない、と公表していました。

このことを見ても、西松建設、陸山会事件というものが、旧勢力による小沢一郎潰しの出発点であったことは一目瞭然です。

陸山会事件とは

西松建設事件による大久保隆規秘書、小沢一郎の有罪が困難と判断した東京地検は、次に、小沢一郎の世田谷区の自宅土地購入をめぐる購入資金問題について小沢一郎を追及することを目論んだのです。

すでに、西松建設事件による家宅捜索によって入手した資料をもとに、二〇一〇年一月一五日、小沢一郎の公設第一秘書・大久保隆規（再逮捕）、私設秘書・池田光智、元秘書で衆議院議員の石川知裕３名を逮捕します。

その容疑は、小沢一郎が二〇〇四年に世田谷区内の土地を購入した際、その資金となった四億円を、小沢一郎が銀行から借入していたのに、これを政治資金収支報告書に記載していなかった、また、土地代金として二〇〇四年に支払った三億五〇〇〇万円を同年の報告書に記載せず、翌二〇〇五年の報告書に記載したという虚偽記載という罪でした。

この件で秘書ら三名は、二〇一〇年二月に起訴されました。

起訴事実には、他に、水谷建設株式会社からの一億円の闇献金についても収支報告書への記載がない、との虚偽記載も含まれていました。

陸山会事件は、もともと二〇〇九年一一月と二〇一〇年一月に、ある市民団体が小沢一郎と三人の秘書らを告発したのを受けて東京地検が動いたことになっていますが、小沢一郎については不起訴処分となり、三名の秘書、元秘書のみが起訴されたものです。

結果、二〇一一年（平成二三年）九月二六日、東京地裁（登石郁朗裁判長）は、秘書ら三名について、それぞれ執行猶予付の有罪判決（大久保隆規については、西松建設事件での有罪も含まれている）を宣告したのです。

この、いわゆる登石判決というものの出鱈目さ加減というものは、後述のように多くの識者から槍玉に上げられています。

ただ、小沢一郎の意向が「天の声」であるとか、水谷建設からの架空の一億円献金を認めたことなどの点で、世にも稀な推認判決として、末永く日本の司法の汚点、恥部として記憶されるべきものであることを明記しておきます。

三人の秘書らの内、大久保隆規、池田光智は控訴棄却によって刑が確定し、石川知裕は、最高裁への上告後、これが棄却され、遂に冤罪を晴らすことが出来なかったのは、返す返すも残念であり、口惜しいことです。

そして、小沢一郎本人については、東京地検による二度の不起訴処分にもかかわらず、これも得体の知れない市民団体（在特会）による東京検察審査会に対する審査申立の結果、二度の起訴相当議決を経て、二〇一一年（平成二三年）一月三一日、第二東京弁護士会所属の三弁護士により強制起訴をされるのです（ちなみに、反小沢の急先鋒であった仙谷由人、枝野幸男もまた、同じ第二東京弁護士会所属の弁護士です）。

このようにして、旧勢力によって画策、遂行された西松事件、陸山会事件は、民主党政権、民主勢力の中心人物である小沢一郎を刑事被告人に仕立て上げ、政権の中枢から引きずり降ろすことに成功したのです。

「小沢事件」「小沢裁判」の中で検察が犯した違法行為の最たるものは、捜査報告書の偽造です。

石川知裕議員を取調べした田代特捜検事は、取調べの中で石川議員が話してもいないことを記入、偽造し、これを検察審査会に提供したのです。このことは、石川議員が取調べの時持ち込んだＩＣレコーダーの録音記録により発覚しました。

また検察は、事件とは何の関係もない石川議員の女性秘書を一〇時間以上拘束し、外部との連絡をとれない状態で取調べをしました。そのため女性秘書は幼児を保育園から連れ帰ることもできないということもありました。

後日、田代政弘検事は虚偽有印公文書作成の罪で刑事告発されましたが、検察はこれを不起訴処分とし、また、検察審査会も不起訴相当とし、結局何らの罪にも問われませんでした。

「事件」でっち上げ前の政治状況

二〇〇六年（平成一八年）、長期政権となっていた小泉首相の任期満了に伴い安倍晋三が首相となりました（第一次安倍内閣）。この内閣は当初こそ七〇％台の高支持率でしたが、党内の反対や世論の批判を押し切って郵政造反組を復党させたことで支持率は五〇％台まで落ちました。さらに、閣僚に愛人問題や架空事務所費の計上など不祥事が相次ぎ、社会保険庁の年金記録データに誤りや不備が多いことも判明して、国民から怒りの声が上がります。こうした中で行われた第二一回参議院選では、自民党は獲得議席がわずか三七議席と歴史的な大敗を喫し、初めて参議院第一党の座を追われました。常に議席を守ってきた東北や四国でも全敗。一方、第一党となった民主党は過去最高となる六〇議席を獲得し、野党は非改選議席と合わせて一三七議席と過半数を占めたため、ねじれ国会となりました。安倍首相は引責せず続投しましたが、すぐに体調不良で辞任しました。

この選挙時、小沢は民主党代表として、与党に対して対決姿勢を明らかにし、地方選挙でも優位な戦いを続けていました。参議院選で民主党を改選前のほぼ倍の六〇議席獲得という大勝に導き、ねじれ国会で参議院の主導権を握り、テロ対策特別措置法の延長に反対し、同法を失効させています。

安倍首相の辞任後の首相に福田康夫が就任。小沢は民主党の主張を大幅に呑ませる絶好の機会という意図から、福田と対談し自民党との大連立に向けて動き出します。ところが、党内の猛反発で白紙となり、小沢は代表辞任を表明。説得され、党代表を続投するも、福田内閣との対決姿勢を鮮明にする路線へと再転換しました。第一六九回国会ではガソリン税等の暫定税率延長をめぐって予算委員会を欠席するなど、与党政権を窮地に立たせ、二〇〇八年（平成二〇年）九月には無投票で民主党代表選で三選されました。

小沢民主党の力が強まる中で、二〇〇九年（平成二一年）、西松建設違法献金問題で公設秘書が逮捕され、小沢は代表を辞すこととなります。後任の党代表となった鳩山由紀夫は小沢に選挙担当の代表代行就任を要請。そして迎えた第四五回衆議院選で民主党は三〇八議席と歴史的な大勝を収め、民主・社民・国民新の連立による政権交代が実現しました。この勝利は当初から予想されており、秘書逮捕による代表辞任がなければ、小沢首相が誕生していたことでしょう。このことからも、「西松事件」でっち上げは、「小沢政権阻止」が目的だったことがわかります。

政権交代後の首相には鳩山が就任し、小沢は幹事長として党務を行うことになります。しかし翌年一月には石川議員ら三人が起訴され、小沢自身は嫌疑不十分で不起訴処分となったものの幹事長の職を辞しました。

3 「小沢事件」の本質を考える

推定判決論理

「西松建設事件」、「陸山会事件」とも、そこで問われている問題は政治資金規正法をどのように解釈するかによって、その扱いが異なる問題です。通常は、政治資金収支報告書を管轄する総務省の指導によって処理されるべき問題であり、あえて検察が、これを捜査したり、ましてや起訴すべき事柄ではありません。本来であれば、一般人にはまったく関心も抱かれないような些末な問題が、わが国の国論を二分する程の大事件に発展してしまった、というのが、この二つの事件の本質なのです。

大久保隆規、池田光智、石川知裕を被告とした東京地裁判決（登石判決）の大きな特徴は、次のとおりです。

判決は、まず、小沢一郎議員、陸山会の悪質さを強調するために、証拠上認めておらず、またそのことの判断すらも求められていない以下の事実（？）を認めるところから出発しています。

すなわち、

①小沢一郎議員は、東北において多大な権力を持ち、建設業界に対し甚大な影響力を有している

②そのため、地元の建設業者が公共事業において工事の委託を受けるには、小沢一郎議員、小沢一郎事務所の了解すなわち「天の声」が必要である

③小沢事務所は、この「天の声」を求める建設業者から多額の献金を受けた上で「天の声」を発していた

④水谷建設も、この「天の声」を求めて、一億円の献金を二度に分け、五〇〇〇万円ずつを石川秘書と大久保秘書に交付した

こうした推論を所与の事実とした上で以下のとおり犯罪事実を認定したのです。

⑤小沢一郎の政治団体、陸山会は、西松建設からの献金がこうした不正な金であることを隠匿するために、あえてダミーである未来産業研究会など二つの政治団体からの献金と偽って収支報告書に記載した

⑥同様、小沢事務所は、世田谷区の土地代金約三億五〇〇〇万円が、不正に得られた金であることを隠す

ために、あえて代金支払時期を一年間ズラして収支報告書に記載した

⑦そのような不正行為について、大久保、石川、池田の三秘書が共謀していないはずがない

まさしく推論に推論を重ねた上での判決であり、推論、推定判決というほかはありません。

西松事件判決はデタラメ

西松事件の推定判決論理はこうです。

①西松建設の二つの政治団体、新政治問題研究会および未来産業研究会とは、西松建設のダミーである（ダミーという言葉は使っていないが実質はそう言っています）

②二つの政治団体から小沢事務所に献金された金の原資は西松建設のものである

③そのことを大久保被告人が知らないはずはない

④本当は西松建設からの金なのに、これを二つの政治団体の金として記載したのは虚偽記載である

この判決の論理は恐ろしく独断的であり乱暴極まりないことです。

第一に、政治団体というのは、政治資金規正法によって、その要件が定められています。その要件を満たして届出がなされていれば、それは立派な政治団体なのです。当該の政治団体が、どのような個人また

は企業によって支えられているかはまったく関係ありません。政治団体とそのバックの企業とはまったく異なる法人格を有しているのです。それを無視して、二つの政治団体のバックが西松建設であるから西松建設と二つの政治団体は同一である、などという理屈は、法律的にも論理的にも完全に破綻しています。そのような判断をするのであれば、まずもって西松建設系の二つの政治団体が政治団体としては認められず、西松建設そのものであることを証明しなくてはなりません。

しかし、推定判決では、そのような判断はまったくなされていません。であるならば、判決のそれ以下の論理というものは、まったく成立しないのではないでしょうか。

自民党の最大資金源である国民政治協会という政治団体が、大銀行、大企業等の政治団体であることを知らぬ者はいないでしょう。推定判決の論理に従えば、自民党、自民党議員が国民政治協会から受けている多額の献金は、すべて実質は大銀行、大企業からの献金ということになります。にもかかわらず、これを国民政治協会からの献金として収支報告書に記載している自民党、同党議員は、すべて政治資金規正法の虚偽記載で有罪ということになります。

推定判決は、法の解釈も論理的思考も無視した、デタラメ判決というほかはありません。

捏造をもとにした陸山会事件判決

陸山会事件について推定判決の底流にあるのは、前述のような小沢一郎議員、小沢事務所と建設業界が金銭問題で癒着しているという、根拠もまったくなければ、本件起訴事実とは関係のない噂もしくは捏造された悪評です。そのような根拠のない世間の悪評、噂を裁判官が一〇〇%真に受けるということ自体、驚きです。

本来、刑事裁判というものは、検察官が起訴した犯罪事実があったかなかったかおよびそれが違法か否か、を判断するものです。

本件で検察が起訴したことは、陸山会が二〇〇四年（平成一六年）に購入した世田谷区にある土地の代金約四億円の支出が、二〇〇四年（平成一六年）の収支報告書に記載されていなかったことが、違法か否か、ということでした。

したがって、裁判官としては、その一点だけを判断すれば事足りたのです。しかし、推定裁判官は、何を勘違いしたのか、あらかじめ、検察の主張を全面的に受け入れたばかりか、ご丁寧にも事件の背景事情（それも単なる噂、風評）についてまで、延々と無駄な時間をかけて判断し、かつ悪評を事実と認定しているのです。

今をときめく当代一流の政治家、小沢一郎に関する裁判であれば、道交法違反のような些細な政治資金規正法違反事件の、単なる期ズレの問題についての判断だけではもの足りない、ここは、一世一代の大演技をしてやろう、と推定裁判官が思いついたのでしょうか。

それにしても推定裁判官の演技はまさに一世一代のピエロとなってしまいました。そもそも、前述のような推定判決の基礎＝前提となる推定事実というものは、どこから証明したのでしょうか。なんのことはない、それらはすべて、小沢一郎を狙い撃ちにした検察のストーリー、そしてそれを大々的にタレ流したマスメディアのつくり話なのです。

裁判官も人の子ですが、いやしくも独立した司法権を担い、市民に対して生殺与奪の権力を持つ裁判官としては、そうした俗物的興味は持つべきではないのです。推定裁判官の推定判決は、こうした検察とマスメディアの俗物的野望に脳を支配された結果というほかありません。推定判決は、一見華々しく見えますが、実はその九〇％以上は検察とマスメディアのつくり話を追認したものであって、肝心の期ズレの点については一言も触れていません。まさに、歴史に残る「迷判決」です。

小沢は「検察の敵」とされた

二〇〇九年（平成二一年）三月三日の大久保秘書逮捕から始まった西松・陸山会事件は、麻生政権の頃から準備されてきた小沢民主党政権成立を阻止しようという自民党および旧勢力の政治謀略であると私たちは断定します。

検察は、取り調べの可視化の法案をまとめ、検事総長の内閣同意制、検事正の公選制などの法務・検察改革案を検討していた小沢を「検察の敵」とみなしていました。自民党内閣のバックアップを得た検察が、小沢潰しのため、シナリオをつくり、それに沿った強引な取り調べで、小沢の秘書たちから供述調書を取り、起訴に持ち込むという捜査パターンを強力に推し進めたのは当然といえることでしょう。

東京地検特捜部は、小沢をゼネコンからの収賄容疑で起訴するというシナリオに基づき、西松建設事件で、小沢の公設第一秘書大久保を慣行では行政指導で対応していた「虚偽記載」で起訴するも、二〇一〇年（平成二二年）一月一三日の第二回公判で西松建設の元総務部長の証言により大久保無罪が確実視されます。

検察は敗北を認める代わりに、陸山会の土地購入問題をめぐり、「水谷建設からのヤミ献金」という新たな物語をつくり出し、同年一月一五日元秘書ので議員の石川、そして大久保、池田を別の虚偽記載容疑で逮捕します。西松事件は「訴因変更」により裁判のテーマが陸山会事件に変えられ不明瞭な形で併合され、同年二月四日秘書三人は起訴されますが、小沢は嫌疑不十分で不起訴となります。ここから、不起訴となっても、その後、検察審査会によって強制起訴されるという別のストーリーが始まるのです。

二〇一〇年（平成二二年）二月一三日市民団体（在日特権を許さない市民の会＝在特会）が小沢の不起訴処分に不服を申し立て、検察審査会の審査を要求、四月二七日には東京第五検察審査会が土地購入経緯について起訴相当を議決、東京地検特捜部は再び不起訴処分を決定、九月一四日検察審査会は再び起訴相当を議決、二〇一一年（平成二三年）一月三一日に強制起訴されました。

検察審査会は、選挙権を有する国民の中からくじで選ばれた一一人の審査員から成り、議決は、検察官の不起訴処分が妥当かどうかを一一人中六人が不起訴妥当と判断すれば、「不起訴相当」、六人以上が妥当でないとすれば「不起訴不当」、一一人のうち八人以上が起訴すべきと判断すれば「起訴相当」となります。

強制起訴とは、「起訴相当」の議決に対し、検察官が再度不起訴処分をした場合、検察審査会は再度審査を行い、再び「起訴相当」の議決をすると、管轄の裁判所が検察官の代わりとなる弁護士を指定し、この指定弁護士が公訴を提起するというものなのです。

検察審査会は非公開と法律で定められているので、闇に隠されていますが、審査員の平均年齢は公開されています。この小沢事件二回の審査員の平均年齢は二回とも三四・五五歳と、くじで選んだ一一人の平均年齢が二回とも同じになる確率はほとんどあり得ず、他の審査会の平均年齢より、かなり若いのです。選定に使われるくじ引きソフトの問題点は、森ゆうこ（参議院議員）も指摘しています。

しかも、審査員に対して法律の説明などをする審査補助員の弁護士は、反小沢と見られる米澤敏雄です。このような弁護士が検察の判断を審査するべき検察審査会に関わるのにふさわしいといえるのでしょうか。

加えて、審査会に申し立てを行ったのは、反社会的活動を行う在特会であり、そもそも受理に問題はなかったのでしょうか。申し立て、審査員の選定から議決の誘導まで検察のシナリオに沿って行われたのではないかという疑惑を抱かせる材料が多すぎます。小沢一郎の「有罪を目指す」とともに「政治活動を止める」ことが目的であったことは明白であり、審査会の怪しさについては、その後の私たちの運動でも追求してきたところです。

無罪の確定

検察審査会の問題点については、『検察の罠』（森ゆうこ・著）に代表される多くの著書で指摘されているので、ここでは詳細は割愛し、ポイントのみ記します。

小沢を強制起訴した東京第五検察審査会の審査員の平均年齢が不可解にも二転三転しています。審査会自体が公正に開催されたかどうかを疑わせる内容です。そして、検察審査員を恣意的に選ぶことのできる「くじ引きソフト」が存在するということが知られました。さらに、検察審査会の関係者が議決見通しについてマスコミに嘘の情報を流したという点も大きな問題です。

そして、起訴議決前には検察官が不起訴理由について検察審査会に説明に行かなければならないにもかかわらず、出張記録にその記録が存在しないということもわかりました。これらのことから、この検察審査会の議決は「架空議決」だという指摘がその後も根強くあります。

このように怪しげな検察審査会によって「強制起訴」された小沢裁判は、結局、一審無罪、控訴棄却で幕を閉じました。

二〇一二年（平成二四年）一一月一二日、東京高裁により、陸山会をめぐる政治資金規正法違反事件で、検察審査会の起訴議決に基づいて起訴された小沢に対する控訴審判決が言い渡されました。検察官役の指定弁護士の証拠請求がすべて却下され、即日結審したのです。しかも、政治資金収支報告書への虚偽記入についての小沢の故意を否定しただけでなく、秘書の石川、池田光智についても虚偽記入の故意がなかったと認定するという、踏み込んだものでした。さらに検察官役の指定弁護士や検察の主張の根幹部分である銀行からの四億円の銀行借入れと定期預金の担保設定に関してもすべて否定しました。

この控訴審では、検査側は大久保元秘書の調書を撤回しています。この調書は、二〇〇九年（平成二一年）の郵便不正事件で調書捏造を行った検事・前田恒彦（二〇一〇年〈平成二二年〉九月に証拠隠滅で逮捕）が作成したものでした。

郵便不正事件とは、二〇〇九年（平成二一年）に当時、大阪地検にいた前田らが、障害者郵便制度を悪用した事件について〝背後に大物がいるはずだ〟と見込み捜査を行い、民主党の石井一議員らに目星をつけたものの立証できず、当時認可の責任者であった厚生労働省の村木厚子局長を逮捕・起訴に持ち込むため、検事の前田自ら証拠を改竄・捏造したという前代未聞の事件です。改竄が発覚し前田は逮捕されますが、上司の元部長、元副部長も捏造を知っていたとして犯人隠匿で逮捕。検事総長の辞任へとつながりました。

検事の不正と逮捕が報じられ、捏造犯の調書では裁判を維持できないと判断したのでしょう。実際、調書で事件への関与を認めたと書かれた大久保は、起訴後に否認に転じており、弁護側は検察の取り調べ姿勢や調書の信憑性を徹底して争う方針でした。

存在するかどうかも怪しげな検察審査会議決により行われた小沢裁判は、このようにあっけなく終結しました。しかし、あれほど熱狂的に小沢批判を繰り返したマスコミの、検察の暴走や検察審査会の問題点についての報道は実におとなしいものでした。そして後述するように、無罪を勝ち取ったはずの小沢は、政治的に大きな痛手を被りました。「小沢事件」をデッチ上げた側の目的は達せられたのです。

「小沢一郎議員を支援する会」活動資料から

検察審査会とは何ものなのか

二〇一九年六月二二日まとめ

1　検察審査会とは

▼設置の目的

「検察審査会」は、昭和二十三年七月に制定された「検察審査会法」（法律一四七号）に基づき設置されました。

その目的は、刑事事件において、唯一公訴権（被疑者を裁判所に起訴する権限）を有する検察庁、検察官の不起訴処分について、その当否を民間人に判断させ、是正させることです。起訴権限を独占している検察官が、その権限を不当に行使していないかどうかをチェックするための制度です。

平成一六年五月に「裁判員の参加する刑事裁判に関する法律」（いわゆる裁判員裁判法）が成立しましたが、これと相まって国民の意見を司法に反映させることを目的としています。

つまり、検察官が本来起訴すべきである犯罪について、手心を加えたり、情実を働かせて不起訴としたりした場合に、これを国民の側から再審査し、公正で妥当な起訴手続を担保しようとするものです。したがって、検察官が適正に捜査し、不起訴を妥当とした事件について、逆に不当な起訴手続によって、被疑者を不利な立場に追い込むことを目的とするものではありません。また、政治的に対立する立場の者が、反対の立場の者を冤罪に陥れるための制度ではもちろんありません。

今回、小沢一郎攻撃の手段として利用された東京検察審査会の手続は、政治的に悪用された典型的なケースです。

▼法的性格

「検察審査会法」によると、検察審査会は、地方裁判所及び地方裁判所支部の所在地に置くこと、とされています。これを見ると、いかにも検察審査会は各地方裁判所の一部のように思えます。しかし、「検察審査会法」は、単に「地方裁判所または支部の所在地」に置かれると定めているだけで、「地方裁判所の中に」設置するとは言っていません。

そもそも、検察審査会は、検察官の公訴権行使に対する監視機関として、法律上設置されている組織なので、検察庁と一体であるわけにはいきません。かといって、検察官が不起訴処分とした犯罪について、検察審査会が起訴処分相当とした場合、これを受けて訴訟審理をするのは裁判所であるから、検察審査会が裁判所の一機関だということになると、公訴権と裁判権の双方を裁判所が独占するという、極めて不当な結果になってしまいます。

しかし、現実には全国の検察審査会は、各地方裁判所（または支部）の庁舎の中に設置され、しかもその職員はすべて裁判所から出向していて、かつ、その予算もすべて裁判所の予算から賄われているのです。これは実に奇妙なことであるばかりか、違法性の高いものであるといえます。

つまり、現在の検察審査会の運用によると、検察官が不起訴とした事件を、裁判所（の組織内にある検察審査会）が改めて起訴し、これを同じ裁判所が自ら判断し、判決することになります。

これは明らかに、江戸時代まで行われていた糾問主義そのものです。江戸町奉行の大岡越前守が、自分で犯罪人を逮捕し、自分で有罪判決を下すのと同じです。

現行の「検察審査会法」は、不備だらけの法律ですが、裁判所が起訴し、裁判所がそれを判断する、という現在の運用については、明らかに三権分立を基本とする憲法に違反する制度であり、早急に正すべきです。

▼検察審査会の手続

検察審査会は、一一人の民間人によって構成され、申し立てられた事件について審理をして、改めて起訴すべきか否かを判断します。審査委員は、全員法律の素人なので、補助弁護士が専門の立場から種々助言をした上で、各人が判断することとされています。

検察審査会では、申し立てられた事件について、以下の三種類の議決をします。

①申し立てられた事件につき、「起訴が相当である」とする議決

②公訴を提起しない処分を不当とする議決

③公訴を提起しない処分を相当とする議決

前記③の議決をした場合は、申し立てにかかる事件は終了します。

前記①、②の議決をした場合は、改めて検察官が事件を審理して、起訴すべきかを判断し、その上で再度不起訴処分とした事件のうち、前記①の事例（起訴相当の評決）については、検察審査会で、もう一度審理をすることになります。その結果、検察審査会が、起訴が相当であると判断した場合は「起訴議決」を行います。これに基づき、裁判所は、検察官の役割を果たすべき弁護士を指定します。指定された弁護士は検察官に代わって、被疑者を起訴します。

▼検察審査会の役割

検察審査会の役割は主に以下の二点です。

①検察官による不起訴処分をチェックし、場合によっては、会自身が、被疑者の起訴を決定できること

②検察事務の改善について、検事正（地方検察庁のトップ）に対し、異議、勧告をすること

前述のとおり、起訴議決は、検察官が起訴をしなかった事件について、検察審査会が二度「起訴相当」議決をした時、被疑者は起訴されることになります。

ところが、実際に起訴手続を行うのは、裁判所によって選任された指定弁護士です。本来であれば、検察審査会が「起訴相当」議決をした以上、公訴権を独占している検察官が、検察審査会の議決に従って、公訴提起をすればよいはずです。

しかし、それをあえて訴追権（公訴提起権）のない、公判手続に不向きな弁護士に代行させるのか、その理由がわかりません。そもそも、指定弁護士は検察官ではなく、訴追権を有していません。また、検察審査会法で定める指定弁護士は、いかなる行政機関にも属さないので、訴追権を行使する検察官に課される行政法上の責任も有しません。

このようなヌエ的な存在ともいえる指定弁護士が、検察官役として重大な刑事裁判の訴訟手続を個人的に担当すること自体、無責任な話です。

検察審査会法では、指定弁護士についての規定は、わずか三か条のみで、その職務内容、権限等

については、ごく大雑把な規定しかされていません。

2　検察審査会の問題点

現行憲法は、三権分立を原理、原則としており、逮捕、起訴などの刑事手続は行政権である警察、検察の任務とされ、それを裁く任務は司法権である裁判所に委ねられているのです。したがって、裁判所が自ら起訴して、自ら裁判で有罪にするなどというのは、憲法の大原則に反する違法この上ないことです。しかし、現在の検察審査会制度は、平然として憲法違反を犯しているのです。

本来、国の権力機関は、憲法と法律によって設置、運用されていますが、それぞれその権力作用（行使）については、法律によって厳しくコントロールされ、万一権力行使において誤りがあったり、第三者に損害を与えた場合には、その当人または監督者が最終的に責任を負うことになっています。

検察審査会は（実質は裁判所の指揮下に置かれているが）制度上は独立した市民の機関または団体ということになっています。しかし、制度上検察審査会のメンバーは匿名であり、その活動についても、結論を公表するだけで、他は一切秘密が保たれています。そして、検察審査会が行った手続が違法であったり、過失があった場合（主として誤った起訴議決によって被疑者を強制起訴させたため、被疑者に対して有形無形の損害を与えた場合）でも、誰も一切の責任を負いません。また、審査員に不祥事があった場合の罷免処分などについての定めもありません。

人事院、会計検査院など、法律で設置された独立の行政機関については、それぞれ内閣または国会が監督権を持っているのに、検察審査会、審査員の監督をする機関は何もないのです。つまり、検察審査会が、どのような判断をしても、それによって仮に誰かが被害を受けたとしても、誰も責任をとらないまったくの無責任体制となっているのです。この意味で検察審査会制度は二重に憲法に違反するものであるといえます。

事実、小沢一郎議員は、検察審査会の二度にわたる起訴相当議決によって、指定代理人から起訴され、結果二年以上にわたり政治生命を断たれたものの、最後は無罪放免となりました。しかし、そのことによって小沢一郎個人が政治生命を断たれたばかりか、小沢一郎率いる民主党政権が瓦解し、ひいては民主党政権を実現した大多数の国民の利益も損なわれたのです。

それにもかかわらず、そのことの責任を、検察審査会もどこもまったくとっていないのです。

検察の公訴権に民意を反映させる、という美名の下に、実は、検察が起訴できなかった事件について、検察審査会の名によって起訴させる、という検察の奥深い策謀があること、しかも、そのことを事実上検察審査会の指揮、監督者である裁判所が支えていることも見逃してはなりません。

いずれにせよ、憲法に明白に違反する現在の検察審査会制度は、即刻廃止するべきだと思います。

4　小沢一郎と日本の政治《インタビュー》

本会の支援者、アドバイザーとして集会でのコメンテーターを務めていただいた各氏に、「小沢事件」を振り返りつつ、小沢一郎と日本の政治をテーマに、本会代表・伊東章がインタビューしました。

野党の政権への本気度が問われている　――二見伸明氏

平成初期の最初の非自民政権時代から、小沢一郎の政治手腕を身近で見ていた二見伸明氏。かつて、小沢対羽田の一騎打ちの新進党党首選では「四海波穏やかな時は羽田がベストだが、激動期は小沢の剛腕がベスト」と表明し、小沢の推薦人になっています。

一九六九年（昭和四四年）一二月の衆議院選に初当選した二見氏は、小沢一郎、羽田孜、石井一、森喜朗と同期。以後八期二三年、議員を務め、公明党政策審議委員長、副委員長、運輸大臣を経て、一九九四年（平成六年）に新進党。一九九七年（平成九年）暮れの新進党解体により、小沢の自由党結党に参加。総務委員長、国対委員長。二〇〇〇年（平成一二年）春、自由党分裂に際し、小沢と行動をともにし、二〇〇三年（平成一五年）政界引退後も精力的に政治批評を行っています。二見氏から小沢評、一度にわたる政権交代とその崩壊を伺い、新たな政権交代の姿について考えました。

◆第一次連立内閣は〝転換期〟

伊東　まず小沢さんとのつながりを教えていただけますか？

二見　小沢さんとは初当選が同期で、官房副長官時代に国会対策などで多少の付き合いはありましたが、実際にいろいろと一緒にはじめたのは新進党からですね。羽田内閣の時に私は運輸大臣になりました。細川、羽田内閣と八派による連立で内紛が絶えず、小沢さんは党内の調整に奔走しましたが、ご存知のとおり、第一次連立内閣は無様な結果に終わりました。

伊東　新進党になってから小沢さんと政策の話を交わすようになったのですか？

二見　そうです。小沢さんと政策の違いはあまりなかった。新進党の党首選で私は小沢さんの推薦人になりましたから。公明党の神崎さんは羽田さんで、私一人が小沢さんを推し、勝ちました。

伊東　新進党の時、公明党は割れたのですか？

二見　参議院だけに党名を残したのです。それは小沢さんからのアドバイスでね。国会議事堂・政党事務所・外国公館の五〇〇m以内では拡声器を使ってはいけないと定めた「静穏保持法（国会議事堂等周辺地域及び外国公館等周辺地域の静穏の保持に関する法律。一九八八年〈昭和六三年〉制定）」という、憲法違反の疑いがあるけど、右翼の街宣行為を防ぐためにつくられた議員立法があります。それは、当時公明党本部の近くに創価学会があって右翼がうるさかったので、小沢さんが中に入って法制定に動いてくれたのです。それで公明党が消滅するとまた創価学会に対する街宣活動が激しくなるだろうから、公明党は参議院だけでも残すべきだと言ってくれました。

伊東　先生はそのようにして新進党結成から小沢一郎と歩いてきたというわけですね。

二見　そうです。自由党に続きます。

伊東　一九九八年（平成一〇年）の細川・羽田政権に続く村山内閣も倒れた後、自民党政権が一〇年以上続くわけですが、この期間の状況をどのように捉えますか？

二見　混乱期。細川内閣には政権をとったという高揚感と何をしていいかわからないという焦りがあり、一方の自民党は政権を失ったことに大きなショックを受け、ガタガタになった。政権をとった方も失った方も予想外のことで混乱した。古いものから新しいものに移る転換期だったともいえます。選挙制度も変わりましたしね。

羽田政権の時に小選挙区制度は成立したが実施は先だった。羽田さんが攻撃された時解散という手もあった。その時小沢さんが羽田さんと話をして、選挙に勝ったとしても、せっかく汗水流してつくった新しい選挙制度を待たずに解散して、選挙をするのはいかがなものかと。

◆財界も民由合併を支持

伊東　小泉政権後、自民党短期政権に続き、民主党政権が生まれた背景とは何だと思われますか？

二見　今の状況と同じだと思いますよ。自民党に代わる政党として、今の野党ではない新しい勢力がほしいと世論調査にも出ていました。小沢一派が民主党に合流するのが一番いいと。鳩山さんが民主党の党首になった時、当時の経団連会長の豊田章一郎さんに、本当に政権をとりたいならば、小沢さんにわらじを預けたらどうかといわれたらしい。松野頼三さんにも同じことを言われたそうです。民由合併は小沢さんではなく、むしろ財界から仕掛けられたのです。

伊東　二〇〇三年（平成一五年）ですよね。民由合併は。

二見　自民党も小沢さんの能力は高いと思っていただろうけど、潰すべきとまで思ったのは、二〇〇六年（平成一八年）千葉の衆議院補欠選挙で太田和美さんを当選させたことだろうね。民主党の無名の候補者が、破れるわけのない自民・公明公認の東大出の知名度抜群の候補者に勝った。それに続く二〇〇七年（平成一九年）参議院選挙でも勝ち、第一党となった。それで自民党で小沢は恐ろしい、潰せということになったのでしょうね。

伊東　二〇〇七年（平成一九年）の選挙で自民党が議席を失ったのは、年金問題で相当に叩かれたということも一因だと思いますが、他にも何か原因はありますか？
二見　自民党の幹部が「国民の生活が第一」というスローガンでやられたと言っていましたね。それにマニフェストの中身も具体的で生活に即していた。
伊東　まあ、とにかくロクでもないことをやっている自民党に代わる政権が必要という国民の期待もあり、「国民の生活が第一」というスローガンのもと、子ども手当、教育無償化などの政策を打ち出したことで、国民の圧倒的な支持を得たということでしょうかね。
二見　社会主義的な発想がかなりあるなと思いました。
伊東　その裏には小泉政権の時の新自由主義の弊害が、かなり溜まっていたのでしょうね。
二見　ルールなき資本主義に対する反発でしょうね。だから、戸別所得方式だとか子ども手当だとか、民主党の示したルールに国民は安心したのでしょう。
伊東　まさに今、経済的にも同じような状況ですよね。
二見　むしろ悪化しています。ノンルールの資本主義に今ルールをつくらなければ、資本主義そのものが潰れてしまうという危機感ですよね。共産党も、社会主義をつくりたいのでなく、資本主義の中のルールつくりをしたいと言っていますね。アメリカのバーニー・サンダースも同じでしょう。新自由主義が世界的に崩れてきたのです。

◆小沢潰し＝民主党潰し

伊東　二〇〇九年（平成二一年）に代表だった小沢さんの秘書三人が逮捕された時、どう感じましたか？

二見　これはやられたと思った。おかしい、ＣＩＡだよと言ったよ。というのも小沢さんが「米軍は第七艦隊で十分」と発言した時から、アメリカの世界戦略に関することに触れるのは危ないよとまわりに言っていて、間もなくだったからね。鳩山さんの献金問題にしてもＣＩＡ以外やれないと思うよ。そんな予算は公安にはないんだから。

伊東　秘書に続いて、小沢も逮捕されると思いましたか？

二見　かなり厳しい状況にあると感じました。異常なことだと。検察審査会に回したり、白を黒にするというか。逮捕できなくても小沢潰しという目的は達成したよね。小沢さんは動けなくなりました。

伊東　法律的にいえば、この案件は無理筋というのがおおかたの見解です。石川元秘書の供述の録音が出たのはだいぶ後で、あれが出なかったら有罪だったかもしれない。検察としては難しいとわかっていたが、目的は逮捕ではなく、小沢さんを座敷牢に入れればいいと思っていたはずです。マスコミも小沢叩き一色でした。民主党からも他の党からも擁護の声はほとんどなかった。小沢の金権体質、土建屋との癒着で私腹を肥やしてきた政治家というイメージしかない報道ばかりでした。

二見　マスコミも政党も検察が怖くて、小沢擁護には回れなかった。二〇〇九年三月三日の大久保秘書の逮捕のニュースは、検察が朝日新聞の若い記者を利用してリークさせたと聞きました。

伊東　小沢の捜査が進むにつれて、最初は擁護していた鳩山さんも対応が変わっていった。民主党の問題というより、小沢さん個人の問題という態度でした。

二見　これが国策捜査だという意識は薄かった。これで小沢を追い出せる、よかったという意識が強かった。

伊東　これを機会に小沢を排除して、権力を握ろうと。

二見　昔の民主党に戻りましょうと。その先の党の運営を考えもせずに。政治主導ということがわからなかったのでしょうね。

伊東　小沢さんは福田総理の時に、民主党は、一度自民党と手を組んで、訓練した方がいいという発言をしていましたね。

二見　大連立は、世論も含めて、誰からも理解されなかったですね。

◆民主党の過ちは政権構想のなさ

伊東　二〇〇九年（平成二一年）の選挙で勝つ見込みはあったとのことですが、細川、羽田という何もできずに終わった政権を経験してきたわけですよね。民主党が政権をとった時にきちんとやっていけると思いましたか？

二見　小沢さんを外した、これはおかしいと。小沢理論からいけば、政権と政党との間を調整するのは幹事長で、大臣か副総理と幹事長を兼任すれば、内閣の役職に就かなかった党員も政権に関与できると。党と政府を一体化させようという目的があった。我々自由党はそこをよく論議していたのでわかっていたが、民主党内では誰も理解できなかった。党内に小沢に政権をとられたくないという思惑もあり、小沢幹事長は入閣させないと決まったのです。

菅さんは、小沢さんに幹事長か大臣かどちらかを選ぶようにと言われ、自分は財務大臣兼政審会長になりたいといって、小沢さんに忙しいから無理だろうと言われていたね（笑）。まあよくいえば人のよい鳩山さんも小沢さんに対するジェラシーはあったと思うな。小沢さんは民主党の生え抜きとは、精神的にうまくいかなかった。

伊東　逆にいえば、民由合併で小沢さんが民主党政権を誕生させたけれど、民主党の方が数の上で基盤的には力があったということですよね。今も野党連合や共闘で政権をとろうといっていますが、とにかく政権をとるまでは小沢さんは力を発揮するんだけど、その後、長期的に政権を維持して、政策を実行していけるかというのは、党内基盤がちゃんとしているかに関わってきますよね。

二見　一番の違いは、小沢さんは政権をとらなければならない、とった後にこうしたいという構想がある。ところが菅君、鳩山君、野田君にはその構想がない。言葉では言うが具体的なものではない。

伊東　民主党は圧倒的多数で選挙に勝ったけど、衆院選で一回勝っただけで、まだ参院選もある。いろいろな政治団体、外郭団体もひっくり返さないと安定した政権維持にはつながらない。そういうことを小沢さんはやろうとしていたわけじゃないですか。そういった群を抜いた彼の構想力と実行力で、民主党政権を誕生させた。それで自民党は、民主党政権は小沢に支えられているだけだから、小沢を潰せばいいと気づいた。小沢潰し＝民主党潰しが本質でしょうね。それを認識していた民主党議員はいたのでしょうか？

二見　いないんじゃないの。小沢さんが昔から自民党内の派閥で揉み合ったりしてきたのと違い、政権をとるという苦しみを知らない人ばかりだから。今の自民党ですら知らない人が多いだろうね。

伊東　前回インタビューした山崎行太郎先生もおっしゃっていました。政治とは権力である。どんなに立派なことを並べても、権力を握れなければ何もできない。そもそも民主党に政権を握るという意思があるのかも疑問だと。

二見　まあ今は安倍と喧嘩しようって気はないよな。国対というのは、政権を奪うために、どうやったら足を引っ張ることができるか、そればかり考えるものだよ。

伊東　結局検察の作戦が功を奏して民主党政権は潰れました。検察の攻撃がなかったら、民主党は潰れなかったと思いますか？

二見　小沢さんがいたら潰れていないと思いますよ。潰すためにいろいろなところが動いた。

伊東　民主党が本気で小沢さんを支えて擁護していたら、政権はもっと続いたということですね。でも、ああいった形で小沢さんを排除し、最後は自民党のいいように料理されてしまいました。一方的に党外から攻撃されただけなのか、それとも民主党内部にも、積極的に小沢なり民主党政権を潰そうとする動きがあったのでしょうか？

二見　あったでしょう。小沢さんに政権を渡したくないだけではなく、小沢のやり方が気に食わないという議員がいた。例えば、小沢さんは官僚を使うけれど、言いなりにはならない。だからといって、官僚と関わらないのではなく、話をしていた。それは癒着ではない。民主党が得意げにやっていた「仕分け」なんて政治家がやることではなく、元来は財務省主計局の仕事ですからね。

伊東　なのに後で相当に官僚に丸め込まれたということですね？

二見　小沢さんは役人の能力を利用していたが、民主党の政治主導の意味合いが小沢さんとは違っていると思う。

◆本気になるなら、野党共闘を

伊東　民主党政権は、小沢攻撃によって小沢さんが動けなかった三年間で自滅してしまったということですかね。民主党がそういった経緯を認識しないまま現在に至ってしまったとすると、小沢さんがこの先苦労して新しく野党連合を構築したとしても、うまくやっていけるのでしょうか？

二見　衆議院は小選挙区制ですから、バラバラでは勝てません。選挙の恐ろしさを知っている連中は、野党共闘で臨むだろうね。自民党に対抗するには、候補者の調整も含めた野党共闘でいくしかないと本気で思えば、結束できると思う。ところが立憲民主党の上層部は、選挙で安泰しているから、そこをわかっていない。

伊東　民主党政権で入閣して権力を握った経験をしている人間がいるわけですから、前回は失敗したが、今回はなんとか協力して政権をとって、維持していこうという発想はないのですかね。

二見　共闘については地方選挙のこともあるしね。長期的なビジョンについて議論しているのかは疑問ですね。組合の組織力も弱まり、以前とは選挙のやり方も変わっている。小選挙区では野党が協力しないと自民党に大敗する。小沢さんはそのことがわかっている。

伊東　民主党が政権を放棄してから今年で七年、日本はどのように変わりましたか？

二見　一つは国会内で議論ができなくなった。異常なことです。青臭いかもしれませんが、特定秘密保護法を筆頭に一連の戦争法規のような難しいものを一内閣で何本も強行採決するなど過去に前例がない。憲法解釈でどうとでもなると安倍総理は思ってしまったに違いない。もう一つは国民の生活がきつくなっている。みんな一緒に下がっているから、生活が苦しくなっていることがわかりづらい。こんなものだと思ってしまうのでしょう。

伊東　国会のあり方＝立憲民主制の崩壊と国民生活の悪化ということですね。国民全体のモラルの低下は総理はじめ政府のあり方が原因としか思えないですよ。

二見　小沢攻撃の結果、日本はこうなってしまった。この現状を政治家がどこまでわかっているかの程度によって今後の政局は変わりますね。野党が現状を変えることができるのか、それともこのままずるずると流れてしまうのか。安倍四選の話も出ていますしね。安倍の支持率は四〇％で特に高いわけではない、他にいないだけです。自民党は、政権を失った過去の経験から学習しているから、ボロを出している安倍をむやみに批判せず、今のところ支えている。一方の民主党はどうなのかということですね。本気になれば変えられる。参議院選挙でも野党の議席が増えると思いますよ。大きな器を持った人に総理になってもらいたいですが、与党・野党ともに小沢さん以外に見当たらないですね。

（インタビュー・二〇一九年三月五日。六月二五日追加取材。文責・本会事務局）

民主党崩壊の轍を踏まないために――辻　惠氏

二〇〇三年（平成一五年）に大阪府第三区より民主党から衆議院議員に出馬し初当選した辻惠氏は、政治家になったきっかけについて「学生運動の頃、議会制民主主義を批判していたので議員になるのはどうかと思っていた。二〇〇〇年（平成一二年）頃、与党は自自公連立で少数派の意見は通らない大政翼賛体制のようだし、民主党は松下政経塾の若手が中心で、これではだめだ、自分がやろうと思った」と語っています。二〇〇五年（平成一七年）に一度、民主党を離党したがその後復党。二〇〇九年（平成二一年）に衆院選で当選し議員に復帰。民主党副幹事長に就任。二〇一二年（平成二四年）の選挙後は弁護士活動を行いつつ、日本政治の再生を求めて活動しています。民主党政権獲得時に党内にいて、小沢排除が持つ意味をいち早く察知した辻氏に、当時の様子と将来、同じ轍を踏まないための提言を伺いました。

◆小沢攻撃が民主党潰しだという認識は広まらなかった

伊東　二〇〇九年（平成二一年）三月の大久保秘書逮捕を聞いてどうされましたか？

辻　これは政権交代を潰すため特捜部が民主党に仕掛けた攻撃で、本丸に向かう布石だから、正面から闘わないとだめだ、と小沢さんの周辺の人たちに話しました。五月に石井一さんと一緒に小沢さんと会うことになり、七月の選挙が終わるまで大久保秘書裁判の開始を事務手続等で延ばすことなど話しました。しかし、その直後に小沢さんは代表を辞任してしまった。

伊東　小沢さんと直接のつながりはなかったが、大久保秘書逮捕を見て、これは民主党潰しだと直感したということですね。民主党内で同じ考えの人はいましたか？

辻　ほとんどいませんでした。小沢さん本人でさえ、自分のところまでは来ないだろうと重要視していなかった。僕一人が騒いでいる感じでしたね。小沢さんは筋が通っている政治家だし、僕は小沢潰しだと確信しました。もともと僕は小沢さんを全面的に支持していたわけではなく、とりあえず、本当の小沢さんはどういう人なのか見てみようという感じで民主党の小沢グループ・一新会に入ったのですが、後に小沢シンパは次々と離れていくことになりましたね。

伊東　民主党潰しと認識したのはかなりの慧眼ですよね。

辻　六月に郵便文書偽造事件が起きると、石井一民主党副代表の関与の記事が出て、これもでっち上げ、石井さんまでも陥れて民主党政権を阻止する動きだと思いました。

　叩かれまくって相当消耗していたように見えた石井さん会いに行って、村木氏は絶対に間違ったことはしゃべらない、頑張るはずだから大丈夫だと話し、裁判中も支えました。週刊新潮に対する民事裁判も受任し勝訴しました。

伊東　五月に小沢さんに会った時に、危険性を認識してなかったとのことですが、小沢さんはどのようにとらえていたのですか？

辻　ちょっとしたミスというか、自分まで累が及ぶとは毛頭考えていませんでした。もっとも小沢さんと挨拶以外で話すのは初めてだったので、意見を交わすという感じではなかったですしね。まわりもまったく危機感はありませんでしたね。

伊東　その後小沢さんと直接話す機会が増えていくわけですよね。

辻　二〇一〇年（平成二二年）一月政治資金規正法違反容疑で石川知裕元議員らが逮捕され、小沢さんが民主党政権を潰す元凶だと言い出した生方幸夫議員を副幹事長から解任する動きの際に、二月に僕が副幹事長になってからですね、小沢さんと話せるようになったのは。

検察審査会は楽観できない、強制起訴になる可能性があると話し、マスコミ対策として名誉毀損で訴訟を起こすことなどを提案しました。

民主党代表選で菅対小沢となり、八月末、僕は、間違っているのはマニフェストを裏切った菅さんだ、小沢さんは金権政治家だから切るというのはかえって民主党のためにならないという立場を明らかにして、説得に回りました。

また元高検検事長の則定衛さんが仕切っていた小沢弁護団に自分を加えてくれるよう頼みました。検察審査会でも官僚の言いなりになっていては強制起訴になってしまう、小沢さんも陳述書を出そうということで、僕が書き上げたのがまさに二〇一〇年（平成二二年）の十月四日、小沢さんの強制起訴が公示された日で間に合わなかった。

伊東　小沢弁護団がヤメ検グループから弘中惇一郎弁護士に変わったのはいつですか？

辻　十月四日です。平野、山岡さんら自由党系の幹部が去った後、小沢さんと中塚一宏議員、階猛議員と僕で話をしました。小沢さんは強制起訴にまさかと衝撃を受け、言葉もないんです。則定さんでは戦えない、弁護団を変えた方がいいと言いました。それで僕が、法律事務所の先輩であった弘中弁護士に頼み込んだのです。

伊東　二〇〇九年（平成二一年）三月に西松事件で大久保秘書たちが逮捕された時は小沢も民主党も危機感がなかったとのことですが、二〇一〇年（平成二二年）に石川さんが逮捕された時は小沢さん、民主党はどうだったんですか？

辻　小沢さんは二〇〇九年（平成二一年）の暮れ頃から危機感を持ちはじめたようです。五月に牧義夫議員が叩かれるなど民主党のあら探しみたいな動きもありましたしね。二〇一〇年（平成二二年）の一月は、民主党は陸山会問題の行方を固唾を飲んで見守るという感じでピリピリしていました。

伊東　それまでは小沢批判の声は表面に出ていなかったということですか？

辻　はい。確か二〇〇九年の十二月半ばに小沢さんが副幹事長二〇人を連れて、官邸の鳩山首相のところに乗り込んだんですよ。予算の作成について、高速道路無料化の撤回など公約を破ってもいいからメリハリのついた予算案をつくるように鳩山さんを説得するためにです。だからそれまでは自信満々で、お伺いはすべて幹事長室を通せということでした。

政党は政権を支えるものだから政権に対して質問趣意書を出すなとも言っていました。政調会もなくす、議員連盟もむやみに作らせないとか。一期生一〇〇数人を班に分けて、朝八時から二、三期生が班長となって指導するとか、小沢幹事長の下に統制されて自由な動きができない、駒として使われているという不満が溜まっていたのも事実です。感覚的に小沢さんがいない方が気楽にできるというようなことも含めて、党内の雰囲気がそちらに流れていく要因はあったと思います。

僕は副幹事長になる前、小沢幹事長体制下で処遇されていない時期でも、小沢事件はおかしいと言い続けてきましたけどね。

◆小沢事件に対する民主党内部の誤った動き

伊東　民主党内で、西松建設事件から続く小沢氏をめぐる政治資金の問題は小沢氏個人の問題ではなく、民主党全体への攻撃だと認識されたのはいつですか？

辻　民主党内の多数がそのように認識したことはないんじゃないですか？　例えば、二〇一〇年（平成二二年）九月の代表選の時に首相だった菅さんから電話で、「小沢さんは金権だということで国民から見放されている。党としては切るしかない。辻さんは小沢支持だというがそれは弁護士としてなのか、議員としてなのか？」と聞かれました。「議員としてです」と答えると「弁護士ならいいが、議員だったら黒を白と言いくるめてはいけない、黒は黒なんだ」と。小沢は黒で、排除することで国民の信頼を得られると思って動いているんですよ。これほど露骨じゃないにしても、半数以上の議員は同様の感覚だったと思います。

伊東　鳩山さんの問題も含めて、民主党政権潰しだという危機感はなかったと。

辻　僕の知る限りはないですね。石井一さんは自分も攻撃されたこともあるから、危機感を持っていましたよ。

伊東　この時期には小沢派と反小沢派が分かれてきたと思いますが、いわゆる小沢派の動きはどういったものでしたか？

辻　当然、大変だという思いはありましたが、方針がなかったですよね。こう言っては何ですが、右往左往するという感じでしょうか。

伊東　小沢派の議員たちも、攻撃の本質の認識はなかったということですね。

辻　直感的には感じていたかもしれませんが、認識して対抗するというところまでは至っていない。小沢さん、小沢派に対する攻撃であって、民主党全体に対する既得権益側からの攻撃だとは見抜いていなかったのでしょうね。

伊東　結局、辻先生が小沢さんのいわば仲間となったのは、いつ頃、どういう契機ですか？

辻　二〇一〇年九月に、民主党代表選挙で小沢さんと菅さんが争った時ですね。先に述べたように、八月三〇日に小沢支持を表明する書面を出して、付き合いのある議員二〇人ぐらいに配って説得しました。菅支持者が多かったので、あまり覆すことはできませんでしたが。

伊東　なぜ小沢さん支持に回ったのですか？

辻　僕は民主党が国民の支持を得たのは、世の中を変えるため、マニフェストを実現するためで、それを裏切って、財務省の言いなりになって消費税増税というのはおかしいと。

伊東　その後、一〇月に小沢強制起訴があり、翌年八月の菅退陣まで、民主党の亀裂が深まりましたが、菅不信任をめぐる動きはどのようなものでしたか。

辻　二〇一一年（平成二三年）六月に自公が出した内閣不信任案に賛成しようという動きが出たんです。消費税を一方的に上げて、ねじれをつくって民主党政権を潰した張本人は菅さんですから。参議院でねじれがあって、何かあったら閣僚不信任決議を挙げるので、国会が回らなくなって、全部妥協ですよ。法案を上げるため自民党の言いなりになっている。二〇一一年（平成二三年）の三月に大震災もあり、小沢さんを排除すれば自分の人気が上がるんじゃないかと勘違いして動いている、菅はどうしようもないから辞めさせようという意見が、五月くらいから非主流派の小沢・鳩山グループの中から出てきました。票読みで可決は微妙だったのですが、菅不信任に賛成して離党もしくは除名されることも止むなしというところまできていました。

ところが本会議直前の議員総会で鳩山さんから、投票当日の朝に平野博文さんと北澤俊美さんが談合してしかるべき時に菅は辞任することになったから、ここは大同団結して反対に投じようと言われました。ホッとしたのは確かですが、小沢さんと小沢さんに近い一〇数人の議員は欠席して棄権したから、三カ月間の党員資格停止処分となり、八月の民主党代表選挙で投票できなかった。僕は不信任案に反対という党全体の決定にしたがい八月の代表選でマニフェストの裏切りから党を立て直すために、海江田万里さんを担いで選対の事務局長になりました。この代表選で野田選出を許したのは痛恨の極みでした。

伊東　小沢ガールズといわれていた議員も小沢さんから離反しましたよね。あれは何だったんでしょうか？

辻　理念があって一緒にやってきたわけじゃないのでしょう。例えば、山尾志桜里議員はヤメ検だから、取り調べの全面可視化を実現する議員連盟にも入ってこなかった。ずっと前原グループだから人権派とは言えません。その他の人たちも、マスコミや党内の多数派から「金権の小沢」と攻撃されている小沢さんに近いと思われると不利益を被ると考えたのでしょう。

◆なぜ民主党は崩壊したのか

伊東　菅、続いて野田と裏切ったわけですが、なぜそういう立場をとったと思われますか？

辻　いろいろな原因があるでしょうが、二〇一〇年（平成二二年）六月に鳩山さんが辞任した後の民主党代表選挙で、一新会は樽床さんを支持との話が出ました。会の議論の中で、僕は菅さんが首相になった途端、二週間も経たないうちに消費税増税を言い出すなんて夢にも思わなかったから、菅に入れるべきだと言ったんですよ。菅・小沢・鳩山のトロイカ体制でやってきて、小沢さんがいったん退いても、ここは菅を立てて小沢さんが裏で牛耳ればいいと。そこで山口壯議員、鷲尾英一郎議員ら今まで菅さんに入れたことのない人まで支持することでまとまって、一新会、つまり小沢グループの総意を菅さんの幹部に伝えに行くことになりました。当時菅さんの「国のかたち研究会」の事務総長で、次期官房長官と言われていた荒井聰議員にその旨を話し、よし、統一していこうということになった。ところが突然その翌朝に仙谷議員が官房長官になった。仙谷さんは、小沢さんを悪者にして叩くことで、前原議員と野田議員の三派連合の支持をとりつけて、それに菅さんが乗ったんですね。

鳩山政権の最大の失敗は藤井裕久さんを財務大臣にし、平野博文さんを官房長官にしたことだと思います。小沢さんは個人の能力よりも、当選回数だとか派閥均衡、序列で判断する旧来型の政治家の一面があり、鳩山内閣発足の時に、それに基づいた人員配置しかしなかった。これが安倍と決定的に違うところで、安倍は年功序列など関係なく、稲田朋美登用のように一期生、二期生でも自分に近い、思いどおりになる人材を置いている。僭越な言い方になりますが、民主党政権崩壊の小沢さんの失敗はそこにあると思う。鳩山さんの責任は平野博文さんを官房長官にしたこと、裏にも表にも権力のつながりで一番能力があると思ったのですよ。それ以前の五島正規、永田寿康、西村眞悟はじめ離党の引導を渡したのは平野さんで、民主党のある種消さなければならない処理ができる人は他にはいなかった。藤井さんが財源はどうとでもなると言っていたのに、一月に財務大臣を辞任してしまい、その後任として菅さんが引き継いだ。その後は野田さんが財務大臣になった。その時から二人とも官僚にレクチャーされ、丸め込まれて、完全に言いなりになり、消費税増税を決めた。菅さんは人気取りしか考えていないから「消費税増税といっても選挙に勝てる宰相だ」「歴史に名を残す」みたいなことを言われたのでは。彼らが裏切った原因は目立ちたがりとうぬぼれ、根性がなかったためとしかいいようがないですよ。

後は内閣の編成、新しい政権をつくった時、優秀な人材を登用するしっかりした指導者でなければだめだった。その意味で小沢さんもメリハリが欠けていたのではないでしょうか。

二〇一〇年（平成二二年）一月の石川逮捕で、マスコミに反撃する体制を立てるため、小沢グループは鳩山グループと話したが、あまりきちっと動こうとはしない。両グループは何か軋轢があるのかなと感じた。小沢・鳩山体制で党は小沢、政府は鳩山というようになってはいたが、鳩山さんの発信は弱いし、小沢さんの独裁的手法に根強い反発があった。

千葉法務大臣に指揮権発動を要請するべきだった。選挙に勝って政権をとったのにどうして、特捜部に足をすくわれなければならないのか、おかしいじゃないですか。自民党幹事長を経験していたし、小沢さんは自分のところまでは来ないとタカをくくっていたのではないでしょうか。

伊東　民主党政権の崩壊は誰がどうこうということではなく、すべてがそういう方向にいっていたということですね。

辻　共産党、社民党が一緒になって小沢攻撃をしていましたしね。権力と一緒になって刺しているんですよ。民主党若手議員四〇人ぐらいからなる「リベラルの会」で、二〇一〇年（平成二二年）六月の代表選で菅か小沢かどちらを支持するのかという時、意見を表明したのは、菅支持の平岡秀夫議員、小沢支持の川内博史議員と僕だけで、後は皆黙っていて、意見がないわけですよ。一期生なんかはマスコミに振り回されるし、選挙区に帰れば有権者に突き上げられるし、しかも、党内が対立して明確な対応方針が示されないので、一般人と同じレベルでしか対応できなかったと思います。

◆誰が小沢を排除したがったのか

伊東　何十年も政権を握っている自民党なら、官僚、マスコミも後押ししているし、いわばレールができているからいいのでしょうが、野党が政権をとるということは並々ならないことではないですか。たまま二〇〇九年（平成二一年）に本当の意味での選挙による新しい政権が誕生した。でも、それは旧勢力からみればすぐに潰さなければならない対象だった。それなのに民主党内は自分たちの権力闘争に夢中で、検察・官僚・メディアが仕掛けてきた攻撃に抗することはできなかった。政権権力を担うという覚悟も知恵もなかったということでしょうか？

辻　おっしゃるとおりです。政権をとった後の一〇〇日プランがあるとささやかれていたが結局そんなものはなかった。

今思えばバックボーンが一致していないということがあったのかもしれない。自民党は反社会主義・共産主義で資本主義を守るというバックボーンがあって、権力を維持してきたこともあり、すぐに自民党議員を排除することはあり得ない。守るふりをして、どうしてもという場合は無所属になってもらうというなど抱え込めるノウハウがある。民主党は、簡単に色分けできないとしても、半分は松下政経塾出身なり民社系なりで国権主義です。だから今の官僚体制を壊すなど夢にも考えていない。守るものが一致していないから、主導権をとるためなら何をしてもいい、排除して追い出せばいい、といった感じでしたね。

今のイギリス労働党のジェレミー・コービン、スペインの左翼政党ポデモス、アメリカ民主党のバーニー・サンダースなど全体の九九％の民の立場に立とうという社会民主主義的な内容じゃないですか。旧社会党員からも今一番社会民主主義的な政治家は小沢一郎だと聞かされました（笑）。

むき出しの資本主義に対して一致して対抗するようなバックボーンを持って政党をつくらず、目の前の一致のみで動いていると、また主導権争いに明け暮れ分裂、同じことの繰り返しになると思います。既得権益を握っている一％の資本の論理を第一に考える官僚や勢力とは距離を置く立場の議員で政党をつくるべきだと思いますね。

二〇一〇年（平成二二年）の小沢邸の新年会に行ったら、「日本会議」のヘイトグループが二〇〇人以上も小沢邸の門前で外国人参政権反対の集会をしていました。外国人参政権を本気でやろうとしていたのは小沢さんだけで、他は口先だけですからね。きれいごとでリベラルとか民主主義といっても、性根がないから体制に巻かれてしまう。菅・野田政権は、幸いにも僕たちの反対により頓挫させたのですが、国民生活センター廃止を持ち出すなど、組織を統合して省庁を強めることを考えていた。まったく逆行している。

伊東　アメリカでもイギリスでも政権が変わると行政のトップもすげ替えられますよね。民主党政権はまったくやってないですよね？

辻　政治任用制度ですね。小沢派の斎藤次郎大蔵事務次官が細川政権崩壊後に干されたように、官僚としては天下り先とかその後のことを考えて、自己保身から、政権が長続きするかわからないのにノリを超えることはしません。忖度するんですよ。官僚制度をどう潰すのか。従来どおり官僚が上げてくる法案のチェックもそこそこにそのまま提出する、マニフェストに反する法案だと指摘しても、大臣以下の政務三役は皆、行政の継続性だとか政府を叩くべきではないとか同じことを繰り返して、役所の言いなりになるだけで、政治主導はどこかに行ってしまっていた。官僚の出す法案に関して議論できる人材も少なかった。

　現在は安倍政権の下で、内閣府が官僚の人事権をすべて握ってしまったので、官僚が気骨を失って内閣の顔色を伺っている。これもまた。本当の政治主導とは言えませんね。

伊東　民主党の人材不足もあったでしょうが、そもそも役職の決め方も民主的ではなかったわけですよね？

辻　派閥均衡、当選回数による年功序列ですよね。見ていて本当に醜い大臣病ですよ。大臣がコロコロ変わるから、当選三、四回でも大臣になれるようになった。皆大臣になりたがっていました。

伊東　今までのお話で民主党政権崩壊の原因がかなり明らかになりました。そうとはいえ、長期政権の腐敗という状況を変えるために、小沢さんは二大政党制を追求しているわけです。民主党政権時の戦犯が大きな顔をして好き勝手に発言している。それを我慢して小沢さんは野党共闘から政権奪取を考えていますが、仮に野党による新政権が実現したとして、民主党政権の失敗の轍を踏まないためには何が必要だと思いますか？

辻　選挙で勝つためにはいい意味でのポピュリズムを目指さなければならない。選挙は論理で理解して投票するわけではないですから、生活に直結する「所得倍増計画」「国民の生活が第一」のようなわかりやすいスローガンを掲げて支持を増やす必要があります。二〇〇九年（平成二一年）の民主党の勝利は「国民の生活が第一」「高速道路無料化」「子ども手当」と懐が豊かになるということをちゃんと言ったからだと思います。

消費税五％にするとは、増税した張本人の国民民主党も立憲民主党もなかなか言えないのでしょうが、安倍を倒したところで生活があまり変わらなかったら意味はありません。財務省の神話（財政均衡、一千兆円の負債、将来にツケを回さない……）を変えられる、反緊縮のスローガンをきちんと掲げたような政治勢力をつくる必要がある。山本太郎さんが新党をつくってチャレンジしていますが、現実的には山本さんも軸となった五人以上の議員を擁する新党を立ち上げて、政党政治に愛想を尽かしている多くの人々の心をつかむことが何より重要だと思います。

小沢さんは日本改造計画の頃よりさらに国民寄りの政治家になってきていると思います。民主党政権ができた時に一番官僚が嫌がったのは小沢さんでした。仙谷さんをはじめ他は皆官僚に抱え込まれた。小沢を潰せば民主党も潰れると思われたのも当然です。小沢さんは自分の勢力を広げ固めていく時期に、派閥均衡、年功序列、選挙至上主義から抜け出なかった。また社会民主主義的といわれても本質は議会主義の政治家なので大衆運動と連携するという感じでもない。今は下からの大衆運動は日本会議に牛耳られているると思います。その運動が地方議会から始まって広がり安倍政権を支えている。野党の側は下を見ていない。組織ではなく個々から増やさなければならない。そこにポイントがあると思います。

（インタビュー・二〇一九年四月一七日。六月二五日追加取材。文責・本会事務局）

二大政党・政権交代を諦めない　――森 ゆうこ 氏

『検察の罠』、『日本を破壊する5つの罠』の著書により「小沢事件」でっち上げの真相に迫った森ゆうこ氏。新潟大学法文学部在学中よりディスカウントストアチェーンの創業に参画し、子育てをしながら英語塾の経営も行っていた森氏は、新潟県横越町議会議員から二〇〇一年（平成一三年）に自由党公認で参議院議員に当選。その時から、小沢のもとで政治活動を行っています。国民民主党との合併まで自由党幹事長を務めた森氏に、二大政党制や政権交代への展望を伺いました。

◆「小沢事件」捏造で民主党政権が潰された

伊東　森さんは小沢事件で一貫して検察、検察審査会などの問題を追及してきました。ご著書、『検察の罠』はベストセラーになりましたね。まずは小沢一郎議員との関わりをお聞かせください。

森　二〇〇〇年（平成一二年）、私が無所属の横越町議だった時、自由党から出馬した菊田真紀子さん（現衆議院議員）の選挙を手伝ったのがきっかけで、翌年の参議院選挙に出馬することになりました。自由党は衆参合わせて三〇名の政党でした。小沢さんと正式にお会いしたのは、二〇〇一年（平成一三年）三月の自由党新潟県連総決起集会です。

それ以来、選挙に強い小沢、でも選挙に弱い小沢派（笑）の中で、泥をかぶっても筋を通す政治家・小沢一郎とともに政治活動をしています。

伊東　民主党政権が短命に終わった理由は何だとお考えですか？

森　自民党幹事長を経験した剛腕政治家・小沢一郎率いる自由党と民主党の合併により、日本初の政権交代が現実味を帯びました。

子ども手当、高速道路無料化などを掲げた民主党への国民の期待が増大するのを見て、恐れた権力側が小沢を潰せば民主党による政権交代を阻止できると、西松事件をでっち上げたのではないでしょうか。麻生内閣が、内閣官房副長官に元警察庁長官の漆間巌氏を起用したのはそのためだといわれました。漆間氏が捜査中の西松事件について早々に、事件が自民党側に波及することはないという見通しを新聞記者に話していたことは有名ですからね。

権力をどうしても手放したくない勢力にとっては、政権交代直前の民主党代表であった小沢は、どんなことをしても潰したい存在であったことが、西松建設事件、続く陸山会事件という前代未聞の二つの捏造事件を起こさせたのだと思います。

小沢さんが西松事件の秘書逮捕を受けて代表を辞めたことは、大きな過ちだったと今でも思っています。小沢さんは選挙で政権交代を実現するためにと辞めることを決断しましたが、私は代表を続けるように説得を試みました。でも、だめでした。まだ民主党に入党していなかった田中真紀子さんも、小沢さんは代表を辞めるべきではないと強くおっしゃっていたのを覚えています。田中角栄氏の長女として、ロッキード事件の経験から、辞任すれば、権力側に潰されると見越していたのでしょうね。

私は事件の発生直後から、「これは政権交代を潰すための陰謀だ、だから小沢さんは辞めてはだめなんだ」と言って動いて回ったのですが、当の小沢さんを含め、ほとんどの方に理解してもらえませんでした。

当時、民主党による政権交代は時間の問題でした。それを潰す、あるいは政権交代したとしても政権運営を立ち行かなくさせることによって、自民党が早期に政権に復帰する。短期間であれば利権構造が大きく変えられることもない……みんなで集まって相談したわけではないのかもしれませんが、政治家、官僚、業界、団体、さまざまな既得権益層の利害が一致したと見ることができます。マスメディアもその例外ではありませんでした。そうでなければ、約三年もの間の異常なメディアスクラムは説明がつかないでしょう。

当時の民主党に有能な人材は溢れていましたが、政権の中枢にいた経験を有し、自民党に代わって政権を運営する中心となれる政治家は小沢さん以外に残念ながら見当たらなかった。小沢代表を失脚させれば政権も立ち行かず、民主党もバラバラになるはず、そう考えた勢力があったのです。

彼らの策略は九九・九九％成功しました。小沢さんはその政治力をほとんど失うところまで追い込まれました。民主党は分裂し、選挙で大敗して政権を手放すとともに多くの仲間を失い、さらに分裂した結果が現在（二〇一九年〈令和元年〉五月）の一強多弱の状態です。

伊東　民主党政権が短命だったのは民主党内部にも問題があったのではないですか。

森　民主党内でも、小沢さんを排除して権力を独占したいという者がいたのかもしれませんね。国を考えるより先に自分の立身出世欲とジェラシーが渦を巻いているのが「永田町」です。私は「ただのばあば」(笑)なので、常に違和感を持っていますが……。でも、今は再び野党共闘が必要な時ですから、誰がどうだったかとは申しません。

それにしても、政権をとった時の民主党には大胆さが欠けていました。高速道路無料化や子ども手当にしても実現可能だったはずです。野党である自民党に財源を示せと言われ、民主党はそれを明らかにすることに固執して断念してしまいましたが、断固推し進めていれば、少子化や地方の衰退をストップできたと思います。そういうところは、今の国民民主や立憲民主の方々も変わりませんね。真面目なんです。でも、安倍政権を見てごらんなさい。確固たる財源も示さず無理な政策を強行して、まったくデタラメでしょう。

デタラメでいいと言っているのではなく、歳出の優先順位をしっかり決めて、国民の生活を第一に考えた政策を押し通す。それが大事なのです。私は与党と野党の立場で予算委員会筆頭理事を経験しましたが、日銀も最近はとても大きな危機感を抱いているのがわかります。安倍政権の異常な金融政策に銀行は耐えきれなくなっています。異常なのは金融政策だけでない。森友・加計学園問題に代表されるように、何をやってもいいという状態です。

◆沖縄知事選に倣って議会制民主主義の再生を

伊東　安倍政権が続き、歪みは限界まで大きくなっているということですね。小沢さん、もしくはオザワイムを引き継ぐとは、どういうことなのでしょうか？

森　小沢一郎に代わるものなし。小沢さんはある種のカリスマなので、後継者やヒーロー的な存在を求めるのは幻想にすぎないでしょう。小沢さんの先見性は素晴らしいものがありますが、説明が少なく、後は自分で考えろというスタンスなのでなかなか理解されない時もあります。私も、ねじれ国会（福田内閣）での「大連立構想」の意味がわかったのは、民主党政権が追いつめられてからでした。

今も小沢さんの経験と政治手腕に期待を寄せ、頻繁に相談に訪れるベテランや中堅議員は野党各党にいます。でも、メディアにどう取り扱われるか、つまり、どう見えるかが気になって、肝心の再結集の話になると先に進まなくなる方も少なくありません。ようやく二〇一九年（平成三一年）四月二六日に自由党と国民民主党の合併が成立しました。こうした努力を続け、さしあたっては二大政党制を実現し、政権交代が可能な体制となって、安倍政権のような権力の暴走を止める仕組みにしていかなければなりません。国民の生活を第一に、議員は私心を捨てて、国民のために働くことが何よりも必要だと思います。

伊東　野党共闘、二大政党制への模索を諦めないということですね。

森　「国民の生活が第一」の政治を実現するためにもう一度政権交代を実現する鍵の一つは、二〇一八年（平成三〇年）九月の沖縄県知事選に見出すことができるかもしれません。

私の前任の自由党幹事長だった玉城デニー前衆議院議員が、自民・公明・維新が推薦し、安倍政権が全力で支援した相手候補に八万票あまりの大差をつけて歴史的な勝利を収めました。私は、返還された基地跡地の開発で目覚ましい発展を遂げている「那覇新都心」のホテルに滞在して選挙運動に参加し、「辺野古に新基地は造らせない」「基地依存から脱却して自立する新時代沖縄」をつくろうとするウチナンチュ＝沖縄の人々と、基地新設を強行するため官邸の意のままになる知事を誕生させようとする政権側との、壮絶な闘いを目の当たりにしました。勝因は、もちろん玉城氏の圧倒的知名度とその人気によるところも大きいですが、最大の争点を、偉大なリーダー翁長雄志前知事の遺志を引き継ぐかどうかに集約できたことにあると思います。

翁長氏は保守政治家として、ただ辺野古新基地に反対するだけではなく、わが国の安全保障のため米軍基地の必要性についての論理的かつ定量的な説明と、沖縄がどの程度負担すべきかの客観的説明と議論を求めていました。また基地依存から脱却して経済成長する沖縄と、その経済成長の果実を県民生活の向上に向けるというビジョンを掲げ、那覇新都心などの基地跡地活用でも成果を上げていました。

そして何よりも、翁長氏は「イデオロギーよりアイデンティティー」を訴えました。札束で頬を叩きながら推し進められる強権政治によって分断されつつあった沖縄の魂が、まだ不完全ではありますが再び一つになろうとしています。この沖縄での戦い方に倣えば、安倍一強政治で死に瀕している日本の議会制民主主義を再生して、必ず国民の手に政治を取り戻すことができると私は信じています。

（インタビュー・二〇一九年四月二五日。文責・本会事務局）

「小沢一郎を支援する会」の活動に意義——山崎 行太郎 氏

本会設立時からの有力なアドバイザーである山崎行太郎氏は、自由民主党所属時から現在まで一貫して小沢一郎への支持を表明しています。著書『それでも私は小沢一郎を断固支持する』でも小沢への敬意を述べ、小沢が政治資金問題をめぐって裁判を受けた際にも、「小沢一郎潰し」と「民主党政権潰し」を狙った謀略だと早い時期から批判しています。本会の集会でも度々講演やコメンテーターを務めていただいた山崎氏に、「小沢事件」を振り返るとともに、これからの運動のあり方について伺いました。

◆民主党政権は官僚の反撃で崩壊

伊東　小沢事件とは何だったのでしょうか?

山崎　国策捜査だったのは明らかです。僕の視点からすると、小沢事件からゴーン事件へという感じです。ゴーン逮捕がいい悪いかいってもしようがないように、国策捜査であることは自明であり、それにどう対応すべきだったのかが問題だと思います。

小沢事件は、民主党政権交代を潰すための既得権益層からの総攻撃であった。本来なら革命でもない限り、あり得ないような政権交代なわけで、民主党は、議会制民主主義下、選挙による自然な政権の移行が可能だと思っていた。官僚機構、マスコミ、財界、自民党が新政権に対して総攻撃を仕掛けてくるという自覚はなかった。単に無罪を勝ち取れば、小沢さんと民主党への嫌疑は晴れると思っていたのではないか。

伊東　民主党の政権交代への認識についてどのように思われますか？

山崎　もともとの民主党の主流の鳩山・菅グループは政権交代というものは大事件とは思ってなかったでしょうね。自民党内のゴタゴタで政権交代したような細川内閣と比べて、完全に自民党対民主党という対決の結果、政権交代したわけで、革命色が濃かった。政権交代後に各省局長以上をクビにするということを言っていたが、実際にはしなかったので、じわじわと官僚機構の反撃にあって、内部から崩れていった。これは小沢裁判以前の問題ですよ。

伊東　当時の民主党のマスコミ対策は弱かったのか、その点をどう思われましたか？

山崎　マスコミの攻撃を防ぐだけの理論武装ができていなかった。小沢事件の捜査が進んでいくにつれて、小沢は悪いことをしているから潰してもいいという方向に流れていったわけでしょう。民主党の多くは自分たちの問題でなく、無罪でも有罪でも、小沢個人の問題と捉えていた、そこにつけ込まれた。小沢さんが有罪になって外れたとしても、民主党は政権持続可能だと思っていたのですね。

伊東　民主党は二〇〇九年（平成二一年）の選挙で勝利を収める見通しがついた時、本気でその後の政権運営を考えていたのか、また小沢さん自身も旧勢力からの反撃を予想していたとは思うが、どの程度考えていたのかは疑問です。

山崎　小沢さんはもちろん警戒していて、民主党は政権運営、維持していくだけの経験のある人材が足りないと盛んにいっていました。僕も含めて、まわりで誰もそれを深刻に考える人はいなかった。小沢さんは政権交代直後に全権を自分に集まるようにしましたよね。他の人に渡すと足元を崩されると思ったわけです。実際、個別攻撃されて崩されましたよね。政権を経験したことのない政治家が、甘い汁を吸えるポストについて、官僚に接待漬けで籠絡されて、欲に惑わされた。だから小沢さんは民主党議員に厳しかった。当選しても地元に帰れといったのも、東京にいれば籠絡されて寝返ることがわかっていたから。

一番問題だと思ったのは、政権交代直前に小沢事件が始まり、小沢さんが孤立させられていく、小沢一郎個人を孤立させることが民主党潰しの第一歩だと、民主党はわかっていなかったことです。それが自民党、官僚、マスコミ、アメリカの大きな謀略でもあったわけです。民主党内の主導権争いに自民党系が食い込んでいった。それはかつて小沢さんが自民党を潰した時のやり方です。民主党は免疫がないから、小沢さえ潰せばよかった。自分たちが権力をにぎれると。鳩山、菅、野田でさえ、小沢さんがやれるなら俺もやれると思い込んでいたのでしょう。

◆小沢の自民党的なものへの批判

伊東　二〇〇九年（平成二一年）政権交代後、小沢さんは日本医師会を味方につけ、自民党の野中広務が会長をしていた自民党の支持基盤の土改連（全国土地改良事業団体連合会）を弱体化させるため土地改良予算の減額を打ち出して追い込むなど、次の選挙を見据えて、いろいろな組織を民主党側につけて、権力を支えていこうという努力をしていた。他の民主党の連中は考えていなかったのでしょうね。

山崎　幹事長室に一元化して、郵政、農業関連など利権が絡んだ組織の政治団体を次々吸収していった。自民党についていた全国規模の組織を政権交代を機に、民主党というより小沢一郎につくようにした。そういったことを理解できない民主党議員が小沢一郎はおかしいと言いはじめ、そこを自民党につけこまれて、ゴタゴタへともっていかれた。

ターニングポイントは政権交代後、鳩山のスキャンダル、沖縄問題で鳩山が辞任する時、小沢さんも幹事長を辞めたことでしょうね。これは権力を放棄したということで、大失敗だったと思います。幹事長以外でも権力の一部に残っていれば、反撃のチャンスはあった。あれから民主党内の争いで不利になっていき、そのことが裁判にも影響していく。鳩山は小沢の傀儡政権だったのだから、それ以降も菅でも誰でも裏で小沢さんが権力を掌握していれば、民主党政権は続いていたはず。民主党はまだ権力を完全に掌握していなかったので、支えてきた小沢さんがいなくなると、あまりにも攻撃に弱い状態になってしまった。小沢さんも菅グループが小沢外しを仕掛けた時に、権力の基盤がなかったので、じわじわと押し込められて結局離党します。

今は小沢さんに好意的になっている有識者というか政治運動グループ、学者グループがあの頃は完全に反小沢でした。これも許せません。

伊東　そういった学者グループはなぜ反小沢に回ったのですか？

山崎　反自民党体質の者にとって、小沢は自民党から出てきた「ザ・自民党」であり、自民党よりも自民党的な体質を持っている超保守、超右翼の政治家だと思っているから、攻撃するのは当然のことだった。民主党ではなく、小沢の自民党的なものを攻撃した。当時は共産党も攻撃していましたからね。

でも小沢一郎のような自民党的体質を少しは持っている人でなければ、政権交代後も運営できません。枝野がやっていることは万年野党のやり方で、もう一度政権交代をやれるとは思えない。その旧社会党を越えようとは思っていなかったところへ、小沢が加わると政権交代など話が大きくなってきて、今度は共産党も抱き込み、政権交代を目論んでいる。それについては共産党への古い恐怖感から攻撃するものもいる。

◆小沢の考える「政治と権力」

伊東　小沢一郎という政治家と現野党の指導者の決定的な違いは何でしょうか？

山崎　小沢一郎は選挙と金だけで政策がないとよくいわれるが、他の野党はイデオロギーや理屈に基づく政策だけで政治がやれると思っている。僕は政治とは人間であり、それこそ国民の生活が第一だと思います。野党系の政治家のリーダーは、人間性とか全体的な選挙や経済的な利権を抜きに綺麗ごとというか教養レベルで政治ができると思っている。小沢さんだってちゃんと政策は言っているが、醸し出す雰囲気があまりに大きくて霞んでみえるのではないか。小沢は数合わせだと批判されるが、他のリーダーたちはその重要性を理解していない。理念先行でそんなのどうでもいいといえば、今の日本では袋叩きにあうのです。

伊東　それはつき詰めれば権力の問題ですよね。

山崎　どうやって権力が形成されるかということを、頭だけで考えている政治家と経験からいわば身体で考える小沢との捉え方の違いは大きい。自民党のリーダーになるためには、頭と顔だけではだめで、ある種カリスマ性が必要とされた。政権交代は小沢抜きではなしえないのに、他のリーダーたちはなしとげても感謝せず、反対に小沢を排除して、自分たちが権力を握ろうとして失敗した。政権交代前に小沢さんが何をやっていたか。地方の組織利益団体めぐりをして顔つなぎをし、支持を訴えていましたよ、それが評価される前に小沢攻撃がはじまってしまった。

伊東　民主党政権が崩壊した他の原因は何かありますか？

山崎　政権交代後に小沢さんが行った、幹事長室に権力を集中させる、一、二年生議員には地元に踏みとどまらせるといったことは正しかった。民主党の新人議員はベテラン議員のように政策ばかりを話したがるものが多かった。小沢は選挙第一、次の選挙のために田舎回りをすべきだと言ったから、東京で政策を語りたい頭でっかちの一、二年生議員は小沢チルドレンも含め、菅や枝野のグループに流れていった。自分の選挙以外は政策ごっこが好きな連中だった。

伊東　確かに民主党の候補者はそうした一流大学・官僚出身者が多かった。

山崎　そうです、経歴に非の打ち所のない人が多かった。逆にそれが怪しい。田中角栄に象徴されるような政治家が自民党にはいた。自民党も最近はだめになってきた。学歴重視で学歴のない人が政治家になることが難しくなっている。野党の人たちは地に足がついていないというか、東京でのインテリごっこが政治と思っています。労働・農村運動とか泥臭い選挙運動をやる気があるのかと問いたい。もちろん野党の中でも選挙に強い人はいるが、それは自分の選挙区だけで全国的に党のためにその選挙戦をしようとは思っていません。今の日本の政治は腰砕けになっている。小沢は利権、金権、数合わせというようなレッテルを貼られているが、小沢さん以外に今の日本で国と国民と地方のことを考えている政治家はいない。東京のインテリには嫌われているかもしれないが、地方ではすごく人気があります。

伊東　小沢さんは自民党的なものを受け継いでいて、民主党にいてもその自民党的なものを嫌う人がいた、これをどのように感じますか？

山崎　言い方は悪いですが、東京を中心とした都市インテリ層がアカデミズム、マスコミを形成している、この人たちによって小沢一郎のイメージがつくられてきましたよね。以前は地方の人たちは小沢に期待していた。だが最近はテレビの影響力が大きく、それに動かされるようになっている。救いがあるとすれば、ネットの世界でしょうが、そこにも小沢一郎嫌いのグループがかなりいる。右からも左からも小沢さえ叩けば、新しい政治が始まると思っています。

僕は長い間小沢さんを支持してきました。小沢は長きにわたって政治家としてなぜ生き残っているのか？　なぜ小沢の子分は離れていくのか？　それは小沢さんのせいではなく、離れていく方の問題だと思う。雑巾がけ、ドブ板選挙からやれと言うと新人議員は古いと言って受け入れない。東京で政策勉強会ばかりでなく、自分の選挙区に戻る必要があると言っているだけです。もっとも今は地方でも田中角栄のような政治家は受け入れにくくなっているのかもしれないですね。だから東大・京大の学歴重視の選挙になっている。

伊東　小沢事件における検察の動きはどのように見ていますか？

山崎　どんな清廉潔白な政治家でも、ちょっとしたミスとか上げようと思えばいくらでも材料は見つかると思います。検察、検察審査会はある意味、無自覚に大きな権力に利用される危険があります。検察官、一般市民も、マスコミなどがつくる流れに逆らうことは難しいと思いますよ。実際、小沢事件が起きた時、声を大にしておかしいといったのは、この「小沢一郎を支援する会」くらいのものですよ。今や市民運動はマスコミが賛同しないと成立しにくいのに、この会はマスコミの流れに逆らった運動だったわけですからね。時代の流れに逆らったのはすごいと思いますよ。

伊東　私たちの運動は小沢擁護運動が広がったのに貢献したということですね。

山崎　この運動にジャーナリストも影響を受けたと思いますよ。反権力という見方からも小沢一郎支援の意義があると思ったのでしょうね。左翼インテリで小沢支持になった人もいる。

伊東　小沢攻撃によって民主党政権は倒れ、自民独裁政権が続いている、ということについてはどう思われますか？

山崎　民主党政治の三年間は暗黒の時代だといわれ、これに対する反論はあまりないですよね。その前がどうだったのかはあまり問われない。マスコミ・ジャーナリズムの深く考える力がなくなっています。なぜ民主党政権が誕生したか？　小泉・竹中の新自由主義的な構造改革によって日本経済がずたずたになったからではないですか？　構造改革、緊縮財政を行って、国民生活をだめにしたのは民主党政権ではないですからね。確かに小沢さん以外の菅・野田は消費税増税を打ち出しましたが、原点は自民党にある。それを言わないで、すべて民主党のせいにするのはおかしい。基地問題も鳩山さんのせいではないですから。

伊東　今後の政権交代の可能性はあるでしょうか？

山崎　小沢さんの戦略でまとまればいいですが。小沢さんがいる限り政権交代の可能性はあると思います。実際には政権交代したとしても切り崩されないようにするのはかなり難しいでしょうね。自民党は本当に強い。あの時代にこれからは民主党の時代と思って官僚を辞めて民主党から選挙に出た人たちは、機会があれば自民党に移ろうと思っているのではないですか？　そこを切り崩されないようにしないと。

僕は小沢一郎のやることすべてよし、ですから（笑）。小沢さんにはカリスマ性があって、それは政治家には必要だと思います。なぜ選挙に勝ち続けるのか、人間としての魅力は何か、政策、イデオロギーを越えて、小沢さんをそういった「存在論的観点」から見てほしいですね。

（インタビュー・二〇一九年二月九日。文責・本会事務局）

第2章　民主党政権の成立と崩壊

小沢が一貫して目指しているのは「政権交代が可能な二大政党制」です。そして、それが実現したはずであった「民主党政権」は、なぜ、あのように簡単に崩壊したのでしょうか。同政権実現を主導した小沢とその他の面々の思想と思惑の違いは何だったのでしょうか。

1　平成政界と小沢一郎

経世会の七奉行

天皇の「生前退位」の意向を受け、一九八九年(平成元年)からの「平成」時代は、三一年目の二〇一九年(平成三一年)四月末で終わりました。平成の国政選挙は二〇一七年(平成二九年)一〇月に行われた第四八回衆議院選挙までということになります。この間、一九八九年(平成元年)の参議院選挙に始まり、二〇回の国政選挙が行われましたが、どの局面においても小沢一郎がキーマンとして登場してきます。まさに、平成は「小沢の時代」でした。

平成最初の選挙は、消費税導入、農作物の輸入自由化という国民に大きな痛みを強いる争点に加え、竹下内閣の下で起こったリクルート事件、宇野首相の女性問題という逆風もあり、自民党が改選議席のほぼ半分を失うという大敗を喫しました。一方、「万年野党」と揶揄されていた社会党が、土井たか子委員長を先頭に「マドンナ旋風」で大躍進。土井が「山が動いた」と表現した歴史的な与野党逆転が起こったのです。自民党は結党以来初めて、選挙後の追加公認を合わせても参議院での過半数に届かず、以後二〇一六年（平成二八年）までその状態が続くこととなります。

当時の小沢一郎は、自民党内の最大勢力である経世会、竹下派内で小渕恵三、橋本龍太郎、羽田孜らとともに「七奉行」と呼ばれ力を発揮していました。竹下内閣では内閣官房副長官に就任し、消費税導入などで荒れる国会にあって野党対策に奔走し、「事実上の国対委員長」と呼ばれるほどに手腕を発揮していました。同時に、アメリカとの建設市場開放協議や電気通信協議などの厳しい交渉をまとめ上げ、米政府関係者にもタフ・ネゴシエーターとして知られるようなります。そして、選挙後、宇野内閣退陣後に誕生した海部内閣では、四七歳という若さで党幹事長に就任しました。

一九九〇年（平成二年）二月、第三九回衆議院選挙が行われました。この選挙では自民党は多少議席を減らしたものの、国会運営の主導権を握れる安定多数を確保。社会党こそ大きく議席を増やしましたが、他の野党、公明・共産・民社は揃って議席を減らしました。この結果を受け、野党は社会党と公明・民社党の意見の相違が目立ち、両党が自民党に近い政策を打ち出すようになり、後の自公民体制のきっかけとなるのです。野党第一党が躍進すると、共産党以外が自民党にすり寄るという、その後何度も見られる現象が、ここでも生じています。

党内基盤が不安定だった海部内閣が二年以上続いたのは、野党の公明党・民社党とのパイプを深めた自民党の幹事長・小沢の力によるところが大きいといえます。また小沢は内政だけでなく、外政でも、アメリカの強い圧力の下で日米構造協議をまとめ上げました。そんな激務の中、一九九一年（平成三年）六月には心臓病で倒れ、四〇日ほどの入院生活を送りました。

こうした中、海部首相が目玉政策である政治改革関連法案の廃案を受け、衆議院の解散をほのめかしたことで自民党内が猛反発、一九九一年（平成三年）一一月には内閣総辞職に追い込まれます。当時、党内や派閥内では、辞任した海部の後任として小沢を首相に推す声が強まっていましたが、小沢は病気を理由に固辞。そして首相候補三名を自身の事務所で面談して宮沢喜一を推薦しました。この「面談」は、「首相候補を自分の事務所に呼びつけた」と話題になりましたが、実際は、会場と各候補のスケジュールの兼ね合いでそうなったにすぎません。

一九九一年（平成三年）の東京都知事選挙で新人の磯村尚徳を擁立し惨敗。党幹事長を引責辞任し、経世会会長代行に就任しました。派閥オーナーの竹下登、会長の金丸信とともに「金竹小」体制と呼ばれました。

しかし、次第にこの関係に亀裂が生じるようになります。一九九二年（平成四年）、東京佐川急便ヤミ献金問題で金丸が議員を辞職し、経世会会長も辞任したため、小沢は後継会長に羽田孜を擁立しました。しかし竹下は小渕恵三を推し、後継会長にすえました。小沢はこれに反発、羽田、渡部恒三ら金丸に近かった議員たちと、「改革フォーラム二一」を旗揚げし、経世会は分裂したのです。これが、小沢が自民党を出るきっかけになりました。

小沢一郎と細川連立内閣

一九九二年（平成四年）七月、第一六回参議院選挙が行われました。争点はＰＫＯ。結果は前回の参議院選で大敗した自民党が大きく議席数を戻し、前二回の選挙で躍進した社会党の勢いが止まりました。社会党と公明党・民社党の関係悪化により野党の票が分散したことが理由です。一方で前熊本県知事の細川護熙によって新設された日本新党は新人四名を当選させています。

経世会分裂後、竹下に近いとされる議員は小渕派を、小沢に近いとされる議員は羽田派を立ち上げました。しかし、一九九二年（平成四年）一二月に発足した宮沢改造内閣で羽田派は閣僚ポスト二つと冷遇されました。

小沢は守旧化した党主流派を批判し、かねての持論である政治改革を訴える著書『日本改造計画』を発表しました。二大政党制、新リベラリズム、軍事を含めた国際貢献など、その後の政治の争点を明らかにし、政治家の著書としては異例のベストセラーとなりました。

一九九三年（平成五年）、当時、東京佐川急便ヤミ献金事件などで政治不信の動きが強まりましたが、宮沢首相は公約としていた衆議院の選挙制度改革を先送りしました。野党はこれに反発し内閣不信任案を提出。この時、小沢を含む羽田派は野党が提出した内閣不信任決議案に賛成し、衆議院は解散となりました。自民党からは武村正義らが離党して新党さきがけを結成。小沢も羽田らとともに離党して新生党を結成し、代表幹事に就任しました。

内閣不信任決議は過去四回しか可決されたことのない大事件でした。そして迎えた一九九三年（平成五年）七月一八日の第四〇回衆議院選挙では、突然の解散。選挙直前の離党劇で候補者擁立が間に合わなかった自民党は、選挙前議席こそ確保したものの過半数には届きませんでした。

これに対して小沢率いる新生党は五五議席（一九増）、さきがけ一三（三増）ブームに乗った日本新党が〇議席から三五議席などと反自民新党が躍進します。小沢は各党と折衝し、細川護煕を首班とする非自民・非共産八党派の連立内閣を発足させました。ここに長く続いた五五年体制が終焉を迎えたのです。

細川連立内閣の中で、小沢は八党派の意志決定機関として「連立与党代表者会議」を開き、公明党の市川雄一書記長とともに「一・一ライン」と呼ばれる関係を軸に政権の意思統一を目指しました。だがそれは、官邸主導の政策決定を考える官房長官・武村との対立を生み、小沢が進めた「国民福祉税構想」の頓挫によって細川首相が辞任することになります。細川の突然の辞任については他にもいろいろな憶測が飛びましたが、次期首班として小沢の盟友である羽田が政権を担うこととなりました。だが、誕生直後に連立党派内で社会党を除いた統一会派「改新」が結成されたため社会党は連立を離脱。羽田内閣は少数与党となり組閣も難航し、予算管理内閣としてわずか六四日で総辞職に追い込まれました。

分裂の時代

一九九四年（平成六年）六月二五日の羽田内閣総辞職後の首班指名では、自民党が社会党の村山富市党首に投票し、自民・社会・さきがけの連立政権が誕生しました。この時、小沢は初めて野党の立場となります。しかし小沢は共産党以外の野党保守派を結集し、一九九四年（平成六年）一二月に新進党を結党、幹事長に就任。その後行われた第一七回参議院選では公明党の選挙協力もあり、大幅に議席を伸ばします。この時、社会党は議席を大きく減らし、新進党が参議院での野党第一党となりました。

自・社・さ連立の村山内閣が一九九六年（平成八年）一月、突然退陣し自民党・橋本龍太郎が首相となりました。そして同年九月の臨時国会冒頭に衆議院を解散。小選挙区比例代表並立制の下で初の衆議院総選挙が行われることとなります。小選挙区は二大政党を追求する小沢にとって悲願であり、政権交代を実現させるために自民党の三五五名を上回る三六一名の立候補者を擁立しました。ところが結果は、選挙前よりも議席数をわずかに減らす結果になります。一方の自民党は、「橋龍人気」で微増という結果となりました。

政権時代に社会党から改称した社民党とさきがけは直前に多くの議員が離党して鳩山由紀夫・菅直人を代表とする民主党に参加したこともあり議席を大きく減らします。そのため選挙後は、社さ両党は閣外協力という形になり、離党議員の復党などで過半数を回復した自民党が単独で第二次橋本内閣を発足させました。

選挙後の新進党は、羽田らのグループが離脱するなど内部分裂し、旧公明党系グループの離脱が決定的になり、小沢は新進党の分党と新党結成を発表しました。そして、一九九八年（平成一〇年）一月、衆議院議員四二名、参議院議員一二名が参加して自由党が結成され、小沢が初代党首に就任します。この年七月の第一八回参議院選挙は、自民党に対する二大政党が民主党なのか自由党なのかを占う選挙となりました。結果は民主党大幅増、自由党微増。選挙後の首班指名で、小沢・自由党は民主党・菅直人に投票。参議院では小渕自民党党首に勝利したのです。

衆議院の投票結果により発足した少数与党の小渕内閣は、政権運営のために連立を模索しました。そして官房長官・野中広務と小沢が会談で、かねての小沢の主張である衆議院定数の削減、閣僚ポストの削減、国会での党首討論などの改革を含む合意書を交わし、自自連立政権が発足します。小沢にとって五年ぶりの与党復帰でした。その後、公明党が連立に加わり、自自公連立政権となりましたが、自民党は議員数の多い公明党を優先したため、小沢は自自両党の解散と新党結成を要求。けれども交渉はまとまらず、自由党は連立を解消することとなります。この時、野田毅、二階俊博を中心とする連立残留を主張するグループは保守党を結成して連立政権に加わりました。

連立を解消した小沢・自由党は、二〇〇〇年（平成一二年）六月の第四二回衆議院選で議席を微増させる善戦。小沢は野党共闘を呼びかけましたが、他党の反応は冷ややかでした。小沢が自党での指導者育成の必要性を感じ、「平成の松下村塾」を掲げて「小沢一郎政治塾」を設立したのは、二〇〇一年（平成一三年）のことです。

民由合併へ

二〇〇一年（平成一三年）四月、小泉内閣が誕生しました。「自民党をぶっ壊す」ワンフレーズの小泉の政治手法は成功し、高い支持率の中で同年七月の第一九回参議院選挙は与党の圧勝、過半数を確保したのです。野党である小沢・自由党や鳩山を党首とする民主党は苦戦。選挙後、小沢は鳩山からの両党合併に向けた協議提案を受け入れました。だが民主党内で反対の声が強く、鳩山は代表を辞任、後任代表の菅直人により合併協議は白紙へ。そこで小沢は、合併ではなく民主党への合流を打診し、実現しました。この時小沢は「一兵卒になる」と宣言し、無役となりました。

高支持率を維持し自民党総裁選で再選された小泉は、二〇〇三年（平成一五年）十月に衆議院を解散、翌月の第四三回衆議院選挙を迎えました。合併した民主党と自由党の議員は衆参合わせて二〇〇名を超え、本格的に政権交代を狙える野党として期待が集まりました。同年に公職選挙法が改正され、実現性ある形で政権公約を明文化したマニフェストが配布できるようになり、各党がマニフェストを掲げて戦いました。結果、自民党は二三七議席で過半数に届かず、追加公認で二四〇の過半数に達し、一方で民主党は選挙前から大幅に増やし一七七議席に達します。選挙後、小沢は代表代行に就任しました。当時の小沢は、元北海道知事の横路孝弘が率いる旧社民党系派閥と行動をともにしていて、経済政策では、それまでの新自由主義から、地方経済や雇用を重視する政策を打ち出すようになったとも見られるようになりました。

民主党政権成立へ

翌二〇〇四年（平成一六年）七月の第二〇回参議院選挙でも民主党は大きく躍進。、選挙後、民主党代表の岡田克也の要請により、小沢は民主党副代表に就任します。この間、小泉内閣の支持率は低下し、選挙により二大政党化が一層進むと思われていました。そのような中、二〇〇五年（平成一七年）九月小泉の電撃的な郵政解散により、第四四回衆議院選挙が行われることとなります。「小泉劇場」といわれた劇場型政治の中で与野党の政策論争は吹き飛び、民主党は六四議席を減らす大敗。、岡田と小沢は代表・副代表を辞任。一方の自民党は八〇議席以上を増やす大勝。全常任委員会で委員長を独占し、委員の過半数も占めることが可能な絶対安定多数の議席を確保しました。

岡田に代わり民主党代表となった前原誠司は、小沢に党代表代行への就任を要請したが小沢は固辞します。しかしその後、いわゆる「堀江メール問題」で前原以下、執行部が総退陣すると、小沢は代表選挙に立候補し、対立候補・菅直人を破り、民主党代表に就任しました。

堀江メール問題とは二〇〇六年（平成一八年）の国会において、民主党議員の永田寿康がある電子メールを根拠に自民党を追及しようとしたところ、そのメールが偽物だったという滑稽な騒動です。当時問題となっていたライブドア事件（証券取引法違反等）に関連して、前年の衆院選の自民党候補であったライブドア社長の堀江貴文が、出馬にあたり当時の自民党幹事長・武部勤に多額の金銭を贈ったというもの。ところが、その根拠とされた堀江のメールは捏造だったと判明し、永田は議員辞職。党首の前原誠司、国対委員長の野田佳彦ら民主党執行部は総退陣に追い込まれました。

この偽メールを永田につかませた人物は、マスコミにガセネタを持ち込むことで有名で、後に詐欺で逮捕されています。メールの出所がこの人物だとわかった段階でマスコミの多くはその信憑性を疑っており、当時の小泉総理も、ライブドア事件で堀江のメールを押収している検察から「そのようなメールは存在しない」という報告を受けていたようです。民主党にはそういう情報がまったく入らないということが世間に明らかとなった騒ぎでもありました。

さて、堀江メール問題で信用が失墜した民主党の代表に就任した小沢は、両院議員総会で「変わらずに生き残るためには、変わらなければならない」と演説し、菅を代表代行に、実力者の鳩山由紀夫を幹事長に指名し、自身と三人の「トロイカ体制」を取り、挙党一致で政権交代を目指すことを内外にアピールしました。

二〇〇六年（平成一八年）、長期政権だった小泉の任期満了に伴い安倍晋三が次の首相となりました。第一次の安倍内閣です。この内閣は当初こそ高支持率でしたが、郵政造反組の復党、閣僚の不祥事発覚、社会保険庁の年金記録データ問題などで国民から怒りの声が上がります。こうした中二〇〇七年（平成一九年）七月に行われた第二一回参議院選では、自民党はわずか三七議席と歴史的な大敗を喫し、初めて参議院第一党の座を追われました。一方、第一党となった民主党は過去最高の六〇議席を獲得し、野党は非改選議席と合わせて一三七議席で過半数を占めたためねじれ国会となりました。この後、安倍は続投したものの、体調不良により辞任。民主党の代表となった小沢は与党に対して対決姿勢を鮮明にしてきましたが、安倍の後任の福田康夫と対談し、自民党との大連立に向けて動き出します。民主党の主張を大幅に呑ませる絶好の機会であり、「政権を取った際の練習」という意図があったとされていますが、党内の猛反発で白紙となり小沢は代表辞任を表明。しかし結局、党内から「民主党存続の危機に陥る」と説得され、党代表を続投することとなりました。

前述したように二〇〇八年（平成二〇年）九月には小沢は無投票で民主党代表選に三選しました。同時期、自民党は麻生太郎が総裁となり、福田の後継首相となります。麻生が首相に就任後は低支持率で解散の機会を掴めずにいました。選挙をやれば民主党の圧勝、小沢総理誕生が確実視されていたからです。ところが、翌年五月に小沢の公設秘書が西松建設疑惑で逮捕され、小沢は代表を辞任することとなりました。

麻生は任期切れ間近の二〇〇九年（平成二一年）八月に解散。第四五回衆議院選が行われました。小泉政権での衆議院選後、安倍、福田、麻生と選挙を経ずに三回の首相交代が行われたことに国民の反発は強く、自民党は選挙前より一八一議席減らすという前代未聞の大敗で、結党以来初めて衆議院第一党の座を失いました。民主党は戦後最多の三〇八議席を獲得して大勝、鳩山が総理に選出され、民主・社民・国民新党による非自民連立政権が発足し、政権交代が実現したのです。

2　民主党政権とは何だったのか

民主党政権の政策

二〇〇九年（平成二一年）八月の総選挙は、選挙前から民主党の勝利、自民党の敗北が予想されていました。野党側は選挙前の八月一四日、「衆議院選挙に当たっての共通政策」を民主党・社会民主党・国民新党の三党連名で発表しており、選挙結果を受け、九月九日に三党の党首会談が行われ、連立政権の樹立が合意されました。民主党は総選挙で圧勝したものの、参議院では過半数を得ておらず、安定した政権運営のためには他の野党との連立が必要でした。

「総選挙で国民が示した政権交代の審判を受け、新しい連立政権を樹立する」とした「三党連立政権合意書」の内容は、①三党連立政権は、政権交代という民意にしたがい、国民の負託に応えることを確認する。②三党は、連立政権樹立に当たり、別紙の政策合意に至ったことを確認する。③調整が必要な政策は、三党党首クラスによる基本政策閣僚委員会において議論し、その結果を閣議に諮り、決していくことを確認する……というものでした。

②にある「別紙」にした政策合意事項は、以下の一〇項目でした。

1. 速やかなインフルエンザ対策、災害対策、緊急雇用対策

・当面する懸案事項であるインフルエンザ対策について、予防、感染拡大防止、治療について、国民に情報を開示しつつ、強力に推し進める。

・各地の豪雨被害、地震被害、また天候不順による被害に対し速やかに対応する。

・深刻化する雇用情勢を踏まえ、速やかに緊急雇用対策を検討する。

2. 消費税率の据え置き

・現行の消費税五％は据え置くこととし、今回の選挙において負託された政権担当期間中において、歳出の見直し等の努力を最大限行い、税率引き上げは行わない。

3. 郵政事業の抜本的見直し

・国民生活を確保し、地域社会を活性化すること等を目的に、郵政事業の抜本的な見直しに取り組む。「日本郵政」「ゆうちょ銀行」「かんぽ生命」の株式売却を凍結する法律を速やかに成立させる。日本郵政グループ各社のサービスと経営の実態を精査し、「郵政事業の四分社化」を見直し、郵便局のサービスを全国あまねく公平にかつ利用者本位の簡便な方法で利用できる仕組みを再構築する。郵便局で郵便、貯金、保険の一体的なサービスが受けられるようにする。株式保有を含む日本郵政グループ各社のあり方を検討し、国民の利便性を高める。

・上記を踏まえ、郵政事業の抜本見直しの具体策を協議し、郵政改革基本法案を速やかに作成し、その成立を図る。

4．子育て、仕事と家庭の両立への支援

・安心して子どもを産み、育て、さらに仕事と家庭を両立させることができる環境を整備する。
・出産の経済的負担を軽減し、「子ども手当（仮称）」を創設する。保育所の増設を図り、質の高い保育の確保、待機児童の解消に努める。学童保育についても拡充を図る。
・「子どもの貧困」解消を図り、二〇〇九年（平成二一年）度に廃止された生活保護の母子加算を復活する。母子家庭と同様に、父子家庭にも児童扶養手当を支給する。
・高校教育を実質無償化する。

5．年金・医療・介護など社会保障制度の充実

・「社会保障費の自然増を年二二〇〇億円抑制する」との「経済財政運営の基本方針」（骨太方針）は廃止する。
・「消えた年金」「消された年金」問題の解決に集中的に取り組みつつ、国民が信頼できる、一元的で公平な年金制度を確立する。「所得比例年金」「最低保障年金」を組み合わせることで、低年金、無年金問題を解決し、転職にも対応できる制度とする。

・後期高齢者医療制度は廃止し、医療制度に対する国民の信頼を高め、国民皆保険を守る。廃止に伴う国民健康保険の負担増は国が支援する。医療費（GDP比）の先進国（OECD）並みの確保を目指す。
・介護労働者の待遇改善で人材を確保し、安心できる介護制度を確立する。
・「障害者自立支援法」は廃止し、「制度の谷間」がなく、利用者の応能負担を基本とする。

6．雇用対策の強化——労働者派遣法の抜本改正

・「日雇い派遣」「スポット派遣」の禁止のみならず、「登録型派遣」は原則禁止して安定した雇用とする。製造業派遣も原則的に禁止する。違法派遣の場合の「直接雇用みなし制度」の創設、マージン率の情報公開など、「派遣業法」から「派遣労働者保護法」に改める。
・職業訓練期間中に手当を支給する「求職者支援制度」を創設する。
・雇用保険のすべての労働者への適用、最低賃金の引き上げを進める。
・男・女、正規・非正規間の均等待遇の実現を図る。

7．地域の活性化

・国と地方の協議を法制化し、地方の声、現場の声を聞きながら、国と地方の役割を見直し、地方に権限を大幅に移譲する。
・地方が自由に使えるお金を増やし、自治体が地域のニーズに適切に応えられるようにする。

・生産に要する費用と販売価格との差額を基本とする戸別所得補償制度を販売農業者に対して実施し、農業を再生させる。
・中小企業に対する支援を強化し、大企業による下請けいじめなど不公正な取引を禁止するための法整備、政府系金融機関による貸付制度や信用保証制度の拡充を図る。
・中小企業に対する「貸し渋り・貸しはがし防止法（仮称）」を成立させ、貸付け債務の返済期限の延長、貸付けの条件の変更を可能とする。個人の住宅ローンに関しても、返済期限の延長、貸付け条件の変更を可能とする。

8．地球温暖化対策の推進
・温暖化ガス抑制の国際的枠組みに主要排出国の参加を求め、政府の中期目標を見直し、国際社会で日本の役割を果たす。
・低炭素社会構築を国家戦略に組み込み、地球温暖化対策の基本法の速やかな制定を図る。
・国内の地球温暖化対策を推進し、環境技術の研究開発・実用化を進め、既存技術を含めてその技術の普及を図るための仕組みを創設し、雇用を創出する新産業として育成を図る。
・新エネルギーの開発・普及、省エネルギー推進等に、幅広い国民参加のもとで積極的に取り組む。

9．自立した外交で、世界に貢献

・国際社会におけるわが国の役割を改めて認識し、主体的な国際貢献策を明らかにしつつ、世界の国々と協調しながら国際貢献を進めていく。個別的には、国連平和維持活動、災害時における国際協力活動、地球温暖化・生物多様性などの環境外交、貿易投資の自由化、感染症対策などで主体的役割を果たす。

・主体的な外交戦略を構築し、緊密で対等な日米同盟関係をつくる。日米協力の推進によって未来志向の関係を築くことで、より強固な相互の信頼を醸成しつつ、沖縄県民の負担軽減の観点から、日米地位協定の改定を提起し、米軍再編や在日米軍基地のあり方についても見直しの方向で臨む。

・中国、韓国をはじめ、アジア・太平洋地域の信頼関係と協力体制を確立し、東アジア共同体（仮称）の構築を目指す。

・国際的な協調体制のもと、北朝鮮による核兵器やミサイルの開発をやめさせ、拉致問題の解決に全力をあげる。

・包括的核実験禁止条約の早期発効、兵器用核分裂性物質生産禁止条約の早期実現に取り組み、核拡散防止条約再検討会議において主導的な役割を果たすなど、核軍縮・核兵器廃絶の先頭に立つ。

・テロの温床を除去するために、アフガニスタンの実態を踏まえた支援策を検討し、「貧困の根絶」と「国家の再建」に主体的役割を果たす。

10．憲法

・唯一の被爆国として、日本国憲法の「平和主義」をはじめ「国民主権」「基本的人権の尊重」の三原則の遵守を確認すると共に、憲法の保障する諸権利の実現を第一とし、国民の生活再建に全力を挙げる。

……以上が、三党で基本合意された政策です。これらの政策立案に小沢が深く関与したことは間違いありません。中には連立＝寄り合い所帯の曖昧さや苦肉の策も見受けられますが、まさに「国民の生活が第一」であり、この中には、後にこの政権を「悪夢」と言った安倍政権が、あたかも自身の発案であるかのように採用したものが多数含まれ、そして真逆の政策は安倍政権の本質そのものです。

鳩山と小沢の退場

鳩山内閣は発足時、七〇％以上の高い支持率を得ていました。「コンクリートから人へ」といった発言や、行政の無駄をあぶり出す「事業仕分け」などは国民の支持を得ていましたが、「子ども手当」の財源問題などモタツキなどもあり、二〇〇九年（平成二一年）一一月から支持率が下降しはじめます。総選挙の翌日から東京地検特捜部が捜査を開始した鳩山の献金等の金銭問題や一連の小沢攻撃、そして翌年一月の衆議院議員・石川知裕の逮捕によって支持率は五割を割り、通信社や新聞社の世論調査では、この時期から不支持が上回る結果となっていきます。

総選挙前に「最低でも県外」と発言していた普天間基地移設問題では、自民党政権時代の日米合意を覆すことも代案を示すこともできずにおり、二〇一〇年（平成二二年）五月時点での鳩山内閣の支持率は二〇％台にまで落ち込みました。「これでは参議院選は戦えない」という空気が蔓延し、社民党の連立離脱と「鳩山降ろし」を生みます。こうした中、鳩山は辞意を固め、六月一日夜、鳩山、小沢、輿石東参議院議員会長の三者会談で幹事長の小沢にも辞任を求め退陣を決めました。

翌六月二日に開催された緊急両院議員総会で鳩山は、普天間問題の迷走と自身の金銭問題を主な理由として首相と民主党代表辞任を正式表明しました。あわせて幹事長の小沢と、運動員による選挙違反事件を抱えた衆議院議員・小林千代美にも辞任を求め、内閣とともに党役員も総辞職する方針を決めます。そして同日、民主党代表選挙が行われ、菅直人が二九一票、樽床伸二は一二九票の結果となり、政権党として鳩山の後継首相に菅が就任することが決まりました。

民主党政権の迷走

民主党代表となった菅は組閣にあたり、「脱・小沢」を目指しました。鳩山内閣一七名の閣僚のうち一一名が再任されましたが、国家戦略担当大臣だった仙谷由人を内閣官房長官に起用、財務副大臣の野田佳彦を財務大臣に昇格させ、野田グループの蓮舫を国務大臣で入閣させています。旧自由党の小沢グループからは農林水産副大臣の山田正彦が農林水産大臣に就任、羽田内閣で法務大臣を経験した中井洽が国家公安委員会委員長となりました。

組閣から四日目、郵政改革法案の通常国会提出見送りを受け、連立相手である国民新党代表の亀井静香が金融担当大臣・郵政改革担当大臣の辞任を表明。選挙の約一カ月前に発表したマニフェストでは実質的な消費税増税を盛り込む内容などを発表したため支持率は急落しました。菅は、総選挙で三〇八議席を獲得した民主党マニフェストの大きな柱を骨抜きにしたのです。

この消費税増税は、政権奪取後に財務大臣に就いた菅とそれを引き継いだ野田が、財務官僚からのレクチャーを繰り返し受ける中で、「日本は今増税しなければギリシャのようになる」と信じて決断したことです。財務官僚の洗脳が奏功したのか、二〇〇九年（平成二一年）選挙のマニフェストには書いていない消費税を「消費税を上げないとも書いていない」という論法で増税に転換しました。政権樹立時の三党合意書では、消費税率は五％で据え置くとされていたにもかかわらず、そう抗弁したのです。

それでも二〇一〇年（平成二二年）の参議院選に向けたマニフェストでは「消費増税による財政健全化を次期総選挙後に超党派で取り組む」といった内容記載に留められましたが、菅は六月一七日に行われたマニフェストの発表記者会見で、二〇一〇年（平成二二年）度内に税率などを含めた「消費税に関する改革案をとりまとめたい」と言い、しかも税率は「自民党が提案している一〇％を参考にしたい」と付け加えました。「一〇%」は民主党内ではなんら議論されていませんでした。民主党は政権奪取にあたり無駄を徹底的に省くと言っていました。そのために「事業仕分け」などを行って無駄遣いチェックを国民に見える形で行いました。だがそれが、あまりに〝パフォーマンス〟に走りすぎていると国民に見られ、かつ中途半端なまま進み、官僚の巻き返しにあったのか、多くは腰砕けになろうとしていました。そのような中で、「お金が足りないから増税だ」と言い出したのですから、国民の支持が得られるどころか、大いに反感を買うことになります。

このような中で迎えた二〇一〇年（平成二二年）七月一一日、第二二回参議院選挙は、予想どおり民主党の大敗北となりました。民主党の議席は四四に留まり、五一議席を獲得した自民党が改選議席第一党を奪還。与党側は過半数を下回り、政権交代前とは逆の立場での「ねじれ国会」となったのです。

この選挙で法務大臣の千葉景子は落選しましたが、異例にも大臣に留まりました。そのことへの自民党等野党の批判に対し、菅は「国政選挙の当落や議員資格の有無に関わらず大臣に適任だからである」という趣旨の説明を行いましたが、「死刑廃止を推進する議員連盟」のメンバー（法務大臣就任時に会を離脱）の千葉が、落選後も大臣に留まり死刑執行命令を行ったことも、民主党支持者の多くの失望や国民の不信感を増す事由となりました。

二〇一〇年（平成二二年）八月、日本は急激な円高と株安に見舞われます。しかし、夏季休暇中の菅から具体的な対策指示が出されず、業を煮やした民主党の有志「デフレから脱却し景気回復を目指す議員連盟」から、政府・日銀に「早急かつ徹底的な円高対策を求める緊急声明」が出されました。さらに九月には「尖閣諸島中国漁船衝突事件」が発生。その対応をめぐり「弱腰外交」との批判が殺到しました。

こうした中で、民主党の代表選が行われました。菅が参議院選の惨敗の責任を負うことなく続投を目指したのに対し、消費税増税の撤回など、当初のマニフェストに即した政策実現を主張する小沢は代表選に出馬しました。当初、小沢出馬による党の分裂を恐れた鳩山や輿石東は、復権を条件に小沢の出馬を辞退させる案を菅に持ち込みましたが、菅はこれを拒否したのです。

選挙結果は、議員票は拮抗しましたが、党員・サポーター票で菅がリードし、小沢は敗北しました。この党首選では、菅陣営による不正選挙の疑いが持たれています。この頃、まだ小沢は陸山会事件の刑事訴追について検察審査会の審査を受けている最中でした。そのことが喧伝されており、小沢に対する世間一般の見方は「金権政治家」であり、菅を支持する議員・党員の多くが、小沢排除を印象付けることが民主党の支持率アップだと信じていました。事実上の総理大臣を決める選挙であり、ＴＢＳのＵｓｔｒｅａｍ放送は二七万人が視聴したといわれるなど注目を集め、選挙直後は民主党支持率も上昇したのは事実です。

代表選後の改造内閣では、仙谷由人、前原誠司、蓮舫、野田佳彦ら菅支持派のほとんどが留任、枝野幸男が官房長官に就任する一方、小沢支持者と見られた原口一博、山田正彦は交代となりました。さらに小沢グループからは一人も入閣せず、小沢支持の鳩山グループから三名が起用されるに留まるなど、「脱小沢」が強化されました。こうしたこともあり、小沢は党執行部と距離を置くことになります。二〇一一年（平成二三年）一月には、陸山会事件が検察審査会で起訴議決されたことにより、小沢は強制起訴され、刑事被告人となり同年七月には民主党から党員資格停止の処分を受けました。

改造後、国会の党首会談で菅は、「社会保障と税の一体改革」の与野党協議に自民党ら野党が応じるよう求めましたが、自民党総裁の谷垣禎一に「政権公約の見直しをしてから、税と社会保障の一体改革案をまとめるべきではないか」「マニフェスト違反の片棒を担げ、八百長相撲を一緒に取ってくれみたいな話には乗れない」とまで言われました。さらに追い打ちをかけるように「在日韓国人違法献金問題」が次々に明るみに出て、前原の外務大臣辞任、菅の違法献金返却などが続きました。

そして三月一一日、東日本大震災と福島第一原発事故が発生します。

その対応での首相・菅の愚かな言動は、他にさまざまに記録されているのでここに改めて記すことはしません。

地元・岩手が大きく被災した小沢は、地方と政府の調整役を買って出ました。その過程で、震災に対する菅内閣の対応に不満を募らせていきます。

民主党政権の崩壊

菅の首相としての資質も問題視され、野党から内閣不信任決議案の提出・可決による菅の退陣を求める動きは日に日に高まっていました。与党内の菅批判も強まり、小沢グループはそれに同調するであろうとの観測も流れました。そのような中で、鳩山は民主党政権崩壊を危惧し菅と会談。「民主党を壊さない」「自民党政権に逆戻りさせない」「震災復興と被災者の救済に責任を持つ」を骨子とした覚書を交わし、復興基本法案と第二次補正予算の早期編成のメドをつけて菅が辞任する約束を取りつけ、民主党代議士会で報告しました。それにより民主党内の不信任案同調の動きも沈静化し、六月二日の不信任決議案の採決では、民主党、国民新党の反対と共産党、社民党の棄権によって否決されました。小沢は民主党と無所属クラブの一五名とともに棄権に回りました。

ところが菅は、鳩山との約束を反故にするかのように、政権への居座りを決めました。これに対しては野党ばかりでなく民主党内部からも批判が高まりました。しかし菅は、一時不再議の原則から同一会期中に不信任案の提出はできないと考え、続投の意欲満々でした。こうした中、小沢は記者会見で「提出者と理由が違えば一事不再議に反するものではない」という見解を示し、暗に民主党として不信任案を提出することを示唆しました。

こうした混乱は八月末にようやく終結します。野党側から政府＝菅が求める二次補正予算、特例公債法案や再生エネルギー特別措置法案に賛成する交換条件として「退陣」を求め、菅はそれを受け入れ九月二日をもって退陣となりました。ちなみに「国会には菅の顔だけは見たくないという人が結構います。本当に見たくないのならば早く法案を通した方がいい」とまで言って菅が成立させたかったこの再生エネルギー特別措置法案は、後の太陽光発電バブルや電力会社の購入拒否などさまざまな問題を生み出すことになるのです。

二〇一一年（平成二三年）八月二六日の菅の辞任表明を受け、同二九日に後任を決める民主党代表選が行われました。立候補者は前原、馬淵澄夫、海江田万里、野田佳彦、鹿野道彦。一回目の投票で海江田一四三票、野田一〇二票となりましたが、いずれも過半数を得られず決選投票となり、結果は海江田一七七票、野田二一五票で、野田が次期首相となる代表に就任しました。海江田は小沢グループの支援を受け、出馬会見などで小沢の党員資格停止処分の見直しを示唆するなどしたため、決選投票では反小沢票が野田に集中することとなったのです。

野田政権は菅の増税路線を引き継ぎます。菅改造内閣発足時に内閣官房長官就任の話もありましたが財務大臣留任を強く希望し、増税を持論とするまでに〝転向〟した野田は、消費税増税に向けて猛進します。二〇一二年（平成二四年）三月三〇日に消費税増税法案を提出、その後、野党である自民、公明と修正協議を行い、同年六月一五日には三党の実務者間で「社会保障・税一体改革に関する確認書」（三党合意）が交わされました。民主党内では小沢グループから三党合意の項目別合意や多数決採決の意見が出されましたが、野田執行部はそれを押し切り、同二一日に三党の幹事長会談を行い三党合意を確約する「三党確認書」を交わしました。

そして六月二六日、衆議院本会議で消費増税法案の採決が行われましたが、民主党内から反対・棄権・欠席した議員が七三名に達しました。同法案は自公の賛成を得て成立しましたが、民主党内の増税反対・公約重視をとなえる小沢と東祥三、広野允士らは七月二日に離党し、新党「国民の生活が第一」を結成しました。民主党内ではその後も、社会保障・税一体改革関連法案に批判的な者、野田政権の原発政策や政治手法に反発・反対する者の離党が相次ぎました。この段階で、民主党政権は事実上崩壊したも同然でした。

野田民主党の自爆解散

小沢らの新党「国民の生活が第一」は消費税増税に反対する共産党や社民党など自公を除く野党と共闘し、八月七日、衆議院に内閣不信任決議案を、参議院に首相問責決議案を提出しました。野田は、不信任・問責決議案の否決と消費増税案の参議院での可決を目指し、自公党首と会談し、「関連法案が成立した後、近いうちに国民の信を問う」と衆議院解散を約束しました。自公はそれを受け、野田に協力することとしたのです。

しかし八月二九日の法案成立後も、野田は「近いうち解散」を実行しませんでした。実際問題として、民主党は総選挙を戦える状態ではなかったのです。輿石ら執行部も、野田の発言に期日が示されていないことを根拠に、解散を先延ばしにする構えを見せていました。

このような状態で、翌年度予算の財源となる赤字国債発行のための特例公債法が成立せずに会期末を迎えたため、野田内閣は一〇月二九日に国会を召集しました。そして一一月一四日に行われた党首討論で、自民党総裁選で当選し谷垣に代わって再登場した安倍から、「約束違反」と解散期日の明言を求められた野田は、民主党の衆議院議員定数削減案への賛成を引き換えに、一一月一六日という日程を示して解散を明言しました。

それにしても不可解なのが、菅と野田がなぜ消費税増税に向けて突き進んだのか、その動機です。多くの人は、財務省の役人に丸め込まれたのだと言います。ですが、政治家であれば増税を自ら口にすることは選挙に不利です。それでもあえてやるというなら、国家財政の破綻を回避するために熟慮を重ねた上で決断するはずです。菅や野田は、当然、熟慮はしたと言うでしょう。しかしながら、身内である党内でも十分な議論をせず強引に増税を決め、その結果、自爆し政権を失いました。しかも、増税を約束した自民党・安倍政権はその後、その実行を先延ばしにしました。にもかかわらず、国家財政は破綻していません。菅と野田が政権を犠牲にしてまで増税に突き進んだ理由は、いったい何だったのでしょうか。国税の役人、財務官僚の言うことを聞かねばならぬ理由でもあったのでしょうか。

民主党政権を潰した犯人

民主党政権が短命であった理由は数多く上げられます。

第一の理由としては、政権の担い手としては、個々のメンバーは実に不慣れだったということです。

理想として掲げた政策＝マニフェストの実行・実現にモタつき、国民の期待に応えられませんでした。理想を実現するために解決すべき現実の一つ一つについて着実に取り組む姿を国民に見せることができませんでした。「コンクリートから人へ」、「事業仕分け」など国民受けを狙った派手な取り組みは、現実を変え、理想に近づけるための具体的な道筋を見せることができなかったのです。さらには〝官僚つるし上げ〟のごときパフォーマンスが、実務を担う官僚の反発を招きました。

東日本大震災という未曽有の災害に見舞われ、その対応でのドタバタが、この政権の信頼感を低下させました。そして極め付きは、消費税増税。マニフェストと真逆の政策をいきなり打ち出したことは、国民からは裏切りと見られました。政権の担い手として、現実を見つめた政策が「増税」だと言いたいのでしょうか。しかし、後を引き継いだ安倍政権は、政権の現実的な選択として、約束した増税を二度にわたり延期しています。

第二点として、私たちは、民主党政権が短命だった大きな理由は「小沢排除」にあったと断言します。かつて政権党の中枢にいた小沢が、新政権においても中枢に座っていれば、民主党はあのように幼稚な迷走を行わなかっただろうと考えています。小沢を排除しようとしたのは、旧権力とその尻馬に乗ったマスコミですが、もう一つの大きな勢力は民主党内にありました。菅直人、仙谷由人らです。

マスコミの小沢攻撃とその背後にある旧権力の意図を知ってか知らでか、それをも利用し民主党内で小沢排除の急先鋒となっていた菅は、首相の座を射止めます。この内閣は、自民党の前政権の安倍や麻生からは「左翼活動家の政権」と呼ばれますが、それは菅や仙谷の若い頃の経歴をあえて誇張し、保守層の離反を進めようとしたためです。しかし、私たち「小沢一郎議員を支援する会」のコアメンバーのような、同時代に学生運動や労働運動、市民運動といったいわゆる〝左翼〟の活動をした者たちからすれば、菅や仙谷は〝活動家〟と呼べるような存在ではありません。彼らを「反体制を標榜する権力志向の者」と見る活動家も多かったのです。菅は、自らが権力者となることを求め続けた珍しい〝市民運動家〟です。

二大政党を目指して結成された民主党は、旧社会党をはじめとしたいわゆる左派勢力と、旧民社党、旧さきがけといった中道、小沢や前原などの旧自民党保守派との寄り合い所帯です。民主党結党後の候補者も、憲法や防衛に対する考え方はさまざまでした。これが民主党の弱点であったことは間違いありません。そして第三の問題、これが最大の問題点であるわけですが、「権力」に対する執着の不足＝政策実現や国家建設への意欲が希薄だということです。

国の権力を握るためには、ただ一回の総選挙で勝利すれば良い、というわけではありません。続く参院選挙でも勝利し、まずは国会両院で安定多数を確保し、さらには国政を実際に動かしている中央、地方の役人をしっかり掌握し、さらに各種の外郭団体、業界の団体なども影響下に置かなくては、国の権力行使など不可能です。

それなのに、民主党の大半のメンバーは一回の総選挙で大勝利したことに有頂天となり、次々としなければならないことに手を付けず、党内の権力闘争に埋没していたのです。

その中で、旧権力によって進められている小沢一郎攻撃という形の民主党政権潰しの策謀に気づかず、逆に反小沢闘争にうつつを抜かしていたのです。

子育て予算にしろ、高速道路無料化にしろ、財源などはどのようにでも捻り出せるものです。また、検察の小沢一郎攻撃に対しても、法務大臣による指揮権発動という手もありました。しかし、菅総理も千葉法務大臣も、そのようなことはまったく頭の中になかったものと思われます。

要するに、国の権力の奪い方も、権力の行使の仕方も、それを維持する方法も知らないまま、民主党は瞬間だけ権力に触れただけなのです。

小沢が、福田政権の時、大連立を構想した意図は、正しくこうした未熟者の民主党議員に、政治権力の行使というものを実地に教育することを目的としていたのだと思われます。

その民主党に在籍した現在の野党第一党の党首が、本気で野党を統一して政権を獲りに行こうとしない理由は、こうした政治権力の運営能力がないことを自覚しているからなのでしょうか。

「権力」というものに対する完全な理解の欠如、これが民主党政権が短命であった理由の三点目であり、最も大きな理由であろうと私たちは考えています。

敵は内側にいた

民主党が迷走した主因は思想や路線問題ではありません。「小沢がいたんじゃポジションがとれない」と考えた自称左派、自称保守派が、旧権力と一体となり、あるいは頼まれもしないのにその尻馬に乗って、小沢排除を行ったからです。

福島第一原発事故の後、小沢ら保守派にも脱・原発、反・原発に転じた政治家は数多くいます。国民の生活を第一に考えた時、どのような政策で一致点を見出していくべきか、ということよりも、自説へのこだわりと個人の権力欲を求める浅薄な者たちが、小沢の追い落としに積極的に加担した……それが民主党が短命だった大きな主因だと私たちは断じます。

私たちは、裁判闘争を行う小沢一郎を支援し、裁判で勝利を勝ち取れば、必ずやその後で期待に違わない活躍をしてくれるであろうという思いでいました。しかし、小沢一郎議員を裁判によって座敷牢に閉じ込め、仮に無罪放免されても政治的に機能させないことを考えていた勢力がありました。野田総理の自爆解散はそのために行われたと言わざるを得ません。

小沢一郎議員のいない民主党は、官僚にとっては自民党よりも遥かに御しやすく、消費税増税をはじめ、すべては官僚の意のままになってしまいました。無能な議員がガン首を並べる民主党は、最早、官僚にとっては利用価値のない政党になりました。しかし、直線的に自民党に回帰させるのも露骨すぎます。そこで、自民党の別働隊（第五列）である日本維新の会を第三極名目でつくり上げ、自民、民主、第三極という見せかけの構図をつくり上げ、結果的に自民党に回帰させる、というのが当時のあらすじであったのだろうと私たちは考えています。では、このあらすじは誰が書いたのでしょうか。

後述するように、今は「野党共闘」が必要です。だからここでは、民主党政権内にいた誰と誰が民主党政権を潰したかについては、復活の目がない菅と故人となった仙谷以外に名指しはしませんが、再び愚かなことを繰り返さないためにも、「敵は内側にいた」ことを声を大にして記しておきます。

3　自民党政権復活後の状況

安倍一強「非民主主義」政権

東日本大震災や消費税増税をめぐる対応で民主党は支持率が下がり、小沢のグループなど離党する議員が相次ぎ、与党が衆院で単独過半数を割る状況で一二月に第四六回衆院選を迎えました。その他の非自民でも、選挙前に未来の党、日本維新の会、新党大地・真民主、新党日本、国民の生活が第一、新党きづな、みどりの風、減税日本、太陽の党といった新党が大量に生まれ、合流や合併を繰り返しました。

結果は、自民党が一一八議席から二九四議席に増やす圧勝。公明党も一〇議席増やし、自公で三分の二を獲得しました。一方で民主党は選挙前の四分の一以下という大敗を喫します。元総理・菅直人は選挙区で敗れ、比例で復活するという惨状でした。

「国民の生活が第一」の党首として小沢は、すでに小沢グループの内山晃が結成していた新党きづなとの合流をまとめました。しかし世論調査での支持率は一％程度と低いものでした。マスコミの多くは小沢の主張や率いる政党を黙殺し、小沢は脱原発・反増税・反ＴＰＰ・地方分権勢力という自民・民主以外の第三極結集を目指しました。そして国民の生活が第一を解党し、滋賀県知事・嘉田由紀子が結党した日本未来の党に合流しました。小沢は無役となって選挙を迎えます。選挙前、党は六一議席で衆院第三党でしたが、獲得できたのは九議席。小沢の地元、岩手でも苦戦しました。衆院での小選挙区制導入以来、二区を除くすべての区で小沢の所属政党が議席を得てきましたが、この選挙では小沢の四区のみとなりました。衆院選での結果を受けて、小沢を支持するグループと嘉田のグループで意見の違いが決定的になり、代表の嘉田が離党します。

この選挙では、マスコミが喧伝した橋下徹率いる「日本維新の会」が民主党に迫る五四議席を獲得します。選挙後、自民・公明の連立による第二次安倍内閣が発足。長期政権のスタートとなったのです。

政権を獲得した安倍はアベノミクスと呼ばれる経済政策でデフレ脱却を打ち出すなど意欲的に新しい政策を打ち出し、二〇一三年（平成二五年）七月に初の国政選挙である第二三回参院選を迎えました。

アベノミクスの是非や原発への対応、消費税、ＴＰＰなどを争点に行われ、自民は圧勝し、連立を組む公明と合わせて七六議席を獲得。一方で民主党は結党以来最少となる一七議席となりました。民主党に失望した国民の票は、自民党と日本維新の会、みんなの党、共産党に流れました。

嘉田の離党によって「生活の党」へと党名変更した党は、森ゆうこを代表に、民主党時代の小沢グループと鳩山グループ、新党きづな、国民の生活が第一の出身者を中心としたメンバーが残りました。合流以来無役だった小沢は、この参院選挙の年には生活の党の代表に就任しましたが、同党は候補者全員が落選しました。

そして安倍政権下の次の選挙、二〇一四年（平成二六年）一二月の第四七回衆議院選挙も、自民党が圧勝しました。前回総選挙前の三党合意で、翌二〇一五年（平成二七年）一〇月には消費税一〇％への増税が決まっていましたが、安倍はその時期を引き延ばすため「国民の信を問いたい」として、憲法上明確な根拠のない違法な解散権を行使しました。結果、自民が選挙後の追加公認を含めて二九一議席を獲得する圧勝となりました。

この選挙の投票率は衆院選としては戦後最低の五二％台。国民の政権交代への期待はなく、選挙時の民主党代表・海江田万里は小選挙区で敗れ、比例でも復活できませんでした。

小沢が率いる生活の党の当選者は小沢と「オール沖縄」の統一候補である沖縄三区の玉城デニーの二議席のみ。この結果を受けて所属議員が衆参合わせて四名となったため、政党要件（所属する衆参の国会議員五名以上か、近い国政選挙で二％以上の得票）を失うこととなります。そこで無所属の参議院議員・山本太郎が入党し、名称を「生活の党と山本太郎となかまたち」に改称、小沢と山本が共同代表になることで政党要件を満たしたのです。なお、この選挙では、共産党は選挙前の二倍を超える二一議席を獲得しています。

安倍政権下の三度目の選挙、第二四回参議院選挙は二〇一六年（平成二八年）七月に行われました。民主党は維新の党と合併し民進党となり、小沢が提唱する野党四党（民進、共産、社民、生活）の統一候補による選挙戦が行われました。統一候補は一一勝二一敗と善戦しましたが、自民・公明の与党両党で改選議席の過半数を上回る七〇議席を獲得しています。

選挙後、社民党と参議院統一会派を結成した生活の党と山本太郎となかまたちは、二〇一五年（平成二七年）一〇月、党名を「自由党」に改称しました。記者会見で共同代表・小沢は「保守の票を獲得しなければ政権を取れないので、ウイングを保守層にも広げていきたい」と宣言しました。

さらに安倍政権四度目の選挙。小沢や共産党は、安倍政権を倒すためには野党共闘しかないと主張していましたが、都知事・小池百合子による希望の党騒動で民進党が分裂。またもや野党は分断状態での選挙となりました。小沢の自由党は現職の小沢と玉城を含む三人が党籍を残したまま無所属で立候補し、他は希望と立憲民主党とに分かれて立つこととなったのです。選挙結果は自民が二八四議席で勝利。平成最後の選挙も、安倍一強のまま終わったのです。

安倍政権の連戦連勝について、多くの人はこう言います。「安倍政権が強いのではない。野党が弱すぎる」「安倍を支持するわけではないが、野党はもっと支持できない」というものです。

私たち小沢一郎を支援する会のメンバーの多くも、野党共闘の視点から自身の選挙区で反自民の政党候補に一票を投じようとしてきましたが、毎度の仲間割れに嫌気がさしているのも事実です。保守の政治家とされてきた小沢と対極の共産党とが、選挙に関しては常に同一の結論を出しているのは、両者が「どうやったら安倍を倒せるか」を突き詰めて考えているからであり、他は、それを考えていないと言わざるを得ません。

劣化する日本の政治

長期間、安定多数を保持している安倍政権が行ってきたことは、数の論理で反対を押し切り、民主主義を危うくする悪法を議論なく、次々と可決させることでした。それらの一部を列挙すると、特定秘密保護法（二〇一三年〈平成二五年〉一二月）、安全保障関連法（二〇一五年〈平成二七年〉九月）、カジノ法案（二〇一六年〈平成二八年〉一二月）、共謀罪法（二〇一七年〈平成二九年〉七月）、TPP関連法（二〇一六年〈平成二八年〉一二月）、働き方改革法（二〇一八年〈平成三〇年〉六月）……などです。これらはいずれも、十分な審議を経ず、採決の強行によって成立しています。

また、強権と非妥協的な首相個人と内閣の性格は、官僚らの「忖度」を生んでいます。

森友学園の問題では、二〇一六年（平成二八年）に約八億二〇〇〇万円という破格の値引きで国有地が売却されましたが、翌年、値引き問題が発覚した後に、財務省は名誉校長に就任していた安倍の妻・安倍昭恵の名を決裁文から削除するなどの改竄をしました。やはり二〇一七年（平成二九年）に発覚した安倍の友人が経営する加計学園の問題では、獣医学部の新設をめぐって「総理のご意向」と内閣府が文部科学省に伝えた文書が見つかっています。さらに、アベノミクスによる景気回復の根拠資料である厚生労働省の「毎月勤労統計」の不正問題が二〇一九年（平成三一年）に発覚しています。

忖度が横行し、中継されている国権の最高機関で、政治家や官僚が平然と嘘をつくというのは、まさに国家の危機です。「忖度」は流行語のようになっていますが、実態は安倍総理や官邸などが官僚に圧力をかけ、強引な証拠の改竄や国会での偽証を強制しているというのが正しい理解だといえるでしょう。

自民党の一強とそれにより益々強められた安倍一強体制は、一党独裁にも似た状況となっているのです。まさに日本の民主主義は危機的状況にあるといえます。民主主義を確立させ、官僚、政治家が緊張感を持って国民のために仕事をするためには、小沢が昭和の頃から提唱していた「政権交代可能な二大政党制」しかありません。

民主党政権崩壊後、共産党以外の非自民勢力は離散状態が続いています。自民党に投票した多くの人は「安倍自民を支持するわけではない。代わるものがないからだ」と言います。対抗勢力がなく緊張感のない政権が、やりたい放題の現状を変えていくためには、やはり政権交代可能な二大政党体制づくりが急務です。

4　野党共闘の必要性

沖縄県知事選の勝利

政権交代は平成時代に二度行われました。いずれも短命でした。しかし、そのことによってすでに、戦後の「五五体制」は終焉しています。社会の変化や価値観の多様化の中で、旧来型の保守対革新という構図もありません。現在の対立軸は一部特権階級の利権維持か国民の生活が第一か、ネトウヨ的似非愛国か国家の自主と独立か、となることでしょう。例えば、当会の運動に共鳴していた政治家の一人であった故・翁長雄志元沖縄県知事は、自民党県連幹事長も務めた保守の政治家です。沖縄県民の生活が第一と考えるから辺野古移転に反対したのです。旧来型の反米左翼ではありません。

翁長の死去を受けて行われた二〇一八年（平成三〇年）八月の沖縄県知事選では、翁長の後継として小沢の若き盟友・玉城デニーが「オール沖縄」として立候補しました。自由、立憲、国民民主（希望から改称）、社民、共産の全野党の統一候補として、自民党候補に八万票もの大差をつけて当選しました。国政与党の公明党の主力支援者・創価学会員の少なくない有権者が、玉城に票を投じたとみられています。

野党結集はできるのか

平成最後の月である二〇一九年（平成三一年）四月、自由党は国民民主党と合流しました。自由党は、不参加を表明した山本太郎共同代表を除く衆参六人が国民民主党に加わり、合併に伴う党名変更は行わず、党代表は引き続き玉木雄一郎が務めることとなりました。

両党はすでに国会内で統一会派を結成し政策協議を進めてきましたが、最終的には「今後全野党が一丸となって安倍政権と対峙していくためには、ここでまず二党が一緒になることが不可欠である」との認識に至り、その決断となったと自由党ホームページに代表・小沢の名で発表しています。そして、この発表は、次のように記して結ばれています。

「必要なことは全野党の結集です。今回の合流はその始まりにすぎません。「強大な権力」の暴走には「強力な結集」で臨むほかありません。何としても「結集」を実現し、政権交代を実現したいと考えております。今後につきましては、我々が新しく参画する「国民民主党」に対し、これまでと変わらぬご指導・ご支援を賜りますよう、よろしくお願い申し上げます。」

小沢が全野党結集の第一歩とする両党合併ではありましたが、その決定は簡単ではありませんでした。

国民民主側に合併に対する反対論は根強く、玉木、小沢両代表は四月二五日に合併に合意したものの、国民民主党の両院議員懇談会での了承は二六日未明までかかりました。そして、衆院四〇人、参院二四人の計六四人で新スタートとなりましたが、合併後一カ月あまりで六名が同党を離れています。うち四名が「除籍」で二名が「離党届受理」です。

この中には、かつて小沢と師弟関係にあった衆議院議員の階猛《しな》も含まれています。階の離党理由は明確に自由党との合併とされています。小沢支援者の多くから階は〝裏切り者〟とされていますが、これまでも小沢側近の離反はいくつもありました。もちろん、すべての離反者がそうであるとは断言できませんが、その大多数は、利権の期待できない野党に愛想を尽かし、利権の多い与党に擦り寄っていったものと考えられます。民主党政権で大臣・副大臣を歴任した細野豪志、長島昭久が相次いで自民党に入党したのはその典型です。これらの政治家は、結局のところ、苦しい野党生活を嫌って権力の中での立身出世のみを目的としていると言うほかありません。

今回の合併に、離党者の受け皿となっている野党第一党の立憲民主党は表面上は冷ややかです。選挙を控え、野党統一候補の調整が始まっていますが、反安倍・反自民の野党結集には至っていません。

野党のこうした現状について、私たちは、どの政党のどの政治家が真に国民のための政治を真剣に考えているのか、を正しく見究める鑑識眼を養うことが大事なことだと思います。

第3章　私たちはなぜ小沢一郎を支援するのか《寄稿》

私たち「小沢一郎議員を支援する会」には、さまざまな人々が参加しています。メンバー、支援者らの小沢氏や本会への思い、思い描く日本の政治などについてのコメントを集めました（寄稿は原則として現文のママ掲載し、寄稿者の敬称は省略し、肩書き等は投稿時のものを記載しました）。

マスコミに叩かれても信念を変えない人　――須藤 知子（主婦）

ほんの少し前まで、私も投票に行かない約五〇％の一人でした。それどころか、政治に特に興味もなく、興味を持っても、投票に行っても世の中は変わらないし、政治家に任せておけば、ずるいこともするだろうけれども、最終的には日本のためになるように回るだろうと無責任に考えていました。海外に住んでいた時も、語学教室で話題として取り上げられる身近な話題に関して欧州各国出身の同級生たちが批判的・懐疑的な目を持って見ていることを感じると、「政府というものに対して随分疑い深いんだな」とさえ感じていました。

小沢さんを支持する会の多くの方々は、二〇〇六年（平成一八年）の週刊誌の報道から始まった陸山会事件の時が活動をはじめるきっかけという方が多いようですが、私がようやく目を開くきっかけになったのは、それよりさらに遅い二〇一一年（平成二三年）の三・一一の地震後における政府の対応を見てでした。任せておけば悪いようにはしないだろうと、消極的な信頼を寄せていた政治家たちが、危機に直面した時に私たち国民に見せた姿はあまりにも独りよがりで、そして国民の生活を無視した、利益優先の態度でした。政府が下す決定に対し、その度にがっかりし、憤りを感じ、ようやく政治家に任せておくだけではいけないということに気づきました。

ではどうすればいいのか、といっても当時海外に住んでいたため、どう行動を起こしていいかもわからず、とりあえず信頼できる政治家を見つけて応援しようと考え、地元出身の国会議員にメールをしてみたり、この人はと思う政治家の発言をネットで注目してみたりはしていましたが、これだという人を見つけることはできませんでした。

そうこうするうちに日本へ帰国し、人づてに会ったのが、支援する会の熱心な会員の方でした。その方の話を聞き、会の集まりにも顔を出すようになり、いつの間にか今支持すべきは小沢さんだ、という考えを芯からしみ込ませることになりました。初めて会った政治的な活動をしている方がたまたまこの会の方だったために大きな影響を受けたということもありますが、何より説得力があるのは、小沢さんが自民党の幹事長という立場にあり、権力を目指す人間であればあり得ないようなタイミングで、日本に二大政党政治、真の民主主義を確立するのだという信念で離党されたという事実です。

そしてその信念を変えることなく、マスコミに叩かれようが、その実現のために政治家としての活動を継続していらっしゃるという事実です。事あるごとに態度も言うことも変わる政治家ばかりが目につく昨今では、信頼に耐え得る政治家は残念なことに多くはないと感じます。

だからこそさらに小沢さん、そして小沢さんとともに活動していらっしゃる議員の方々を応援する必要があると思います。マスコミ受けし、簡単に票を取れる党に移党することができるにもかかわらず、あえてそうせず、信念を貫こうとしていらっしゃる議員の方々、または党を変わっても信念を変えず水面下で活動を続けていらっしゃる方々、そしてそれを支持してきた支持者の方々には尊敬を禁じえません。

遅ればせながら市民としての意識の大切さに目覚めた私も、微力ではあってもなんらかの形で関わり続けていきたいと思っています。

原発の問題、解釈改憲、沖縄の新基地問題等、安倍政権が市民の意見を無視し、力づくで行ってきた、そして今も進行中の悪政は数々あり、その度に無力感を感じますが、それでも諦めてはいけないと自分にも言い聞かせています。少なくともこれからの選挙で私たちの意見をはっきり政権に突きつけ、信頼に足る議員の方々に国会に行っていただかなくてはならないと思います。

徹底した合理主義が野党共闘の鍵　——松木けんこう（元衆議院議員）

小沢さんとのご縁は、北海道に戻り国政を目指す中で自由党の公認候補として活動をした時からです。その後、自由党は民主党と合併して、私は初めての当選を果たすことができました。いつも「親方（親父）」と呼んでいた小沢一郎の存在がなかったなら、私の国会議員生命は始まっていなかったはずです。

生みの親ともいうべき小沢一郎の目指す政治の姿の最大のポイントは、政権交代可能な真の民主政治の実現、言い換えるなら二大政党制の確立というこの一点に尽きると思います。もちろん、私もこれに強く共感し二大政党制の実現を目指す立場です。しかし、残念なことに現在の政治状況は、二大政党制に遠く及ばぬ「一強多弱」。有力野党がいくつにも分裂してしまって、自民党に何度でも簡単に圧勝を許す危機的な状況です。小選挙区制度は、挑戦者である野党に政権交代のチャンスがめぐってくる選挙制度なのに、それをまったく生かせない政治状態は実に残念です。

二〇〇九年（平成二一年）の政権交代選挙では、小沢一郎が陣頭指揮を執った旧民主党が圧勝しました。しかし、その後の政権運営でさまざまな問題を抱えて迷走してしまった事実は率直に認めざるを得ません。何十年も前から政治中枢で豊富な経験を積んできた政治家小沢一郎の存在の大きさに、若い政治家たちは、知らないうちに心の中で距離を置いていたのではないでしょうか。小沢一郎自身は「言わずもがな」と感じられるようなことも、若い政治家には理解されないことも多かったのかもしれません。

私は、故・藤波孝生官房長官の下で学生時代から秘書として政治の経験を積んできました。長い時間をかけて、さまざまな話をしながらあるべき政治の姿、目指す政治の理想像を理解してきた環境にあったおかげで、他の多くの民主党議員と違い、小沢一郎の目指すものを理解し、わかることも多かったと思います。

民主党政権期も含めて、いろいろな経緯があったのは事実です。その経緯が現在の野党のあり方に大きな陰を落としていることも否定できません。しかし、現在の政治状況への危機感は野党のほとんどの議員が共有しているように思えます。そして、過去のさまざまな失敗を反省する中で、これまで小沢一郎に対して批判的だった議員たちも小沢一郎の目指す方向性の正しさへの理解を深めてきていると思います。

小沢さんの「親父」流の実にまっとうな配慮が、誤解されたり曲解されていた例も少なくありません。例えば、東日本大震災の時も、被災地になった地元岩手に入らなかったと批判されたことがありました。しかし、「親父」が行けば、テレビカメラなど報道陣が大勢ついて来てしまいます。当時は政府の役職に就いていなかった「親父」の被災地入りが、地元に迷惑をかけるだけのパフォーマンスになってしまうデメリットの方が大きい、と判断したためです。そして、「親父」は極秘裏に地元に入って、同志の議員とともに物資を運ぶといった支援を人知れず行ったのです。

そんな「親父」ですから、その活動は、パフォーマンス志向の最近の政治家の動きとはまったく違います。二〇一三年（平成二五年）の参院選では野党共闘が実現し、東北や新潟など北日本を中心に野党候補を統一することの戦略的な合理性がはっきりと示されましたが、これも「親父」の水面下の努力が大きく実を結んだものです。今後、野党共闘の形は大きく進めていかねばなりませんし、その流れを大きく加速するには、野党共闘の枠組みをつくってきた「親父」の力がどうしても必要となります。私は今、議席を持たないのでよくわかりませんが、きっと水面下で活発に動いておられるだろうと思います。

参院の一人区や衆院の小選挙区のように、定数一の選挙区で勝つためには野党候補を一人に絞るのは至極当然のはずですが、なぜかそれに反することばかり。前回の衆院選ではさまざまな見解から、野党の分裂はさらに大きくなっているのが現状です。

しかし、小沢一郎の思いや考えは確実に浸透しつつあります。

次の衆院選では決して同じ過ちを続けてはなりません。今こそ、強い危機感をもって、政権の受け皿となり得る野党勢力を結集し、共闘を実現する努力を進めるべき時です。

すべての野党には、政権交代という大義のために、小異を捨てて大同につく覚悟が求められています。私もできる限りの努力を続けたいと思っていますが、個々の政治家には、自分の立場もメンツすら小事とみなしていったん脇に置いておく「小沢一郎」流の徹底した合理主義、ロマンチックにいえば、目的を達成するなら何もいらないという愚直なまでの理想主義的な政治姿勢を学ぶことが求められているように思います。

辺野古で見た憲政史上最低の実態 ——仙波 敏郎

（元愛媛県警察巡査部長、元鹿児島県阿久根市副市長）

二〇一二年（平成二四年）四月東京・文京シビックセンターでの「ストップ権力の暴走・国民大集合」が小沢一郎議員との初めての対面でした。

講師控室で、外務省・検察・警察の内部告発者三人が揃い踏みしました。元レバノン全権大使天木直人さん、元大阪高検公安部長三井環さん、そして元愛媛県警察官の私です。総合司会の小沢遼子さんは輝いており、他の講師の皆さんは熱いオーラを発し、会場は最後まで熱気と歓喜に包まれていました。

小沢代表の話が終わり、「言い訳をしない・悪口を言わない」を家訓として頑なに守ってきた政治家小沢一郎の本当の姿を目の当たりにした瞬間、私の中で権力者・メディアがつくり上げた小沢一郎のイメージが消え去りました。

それから七年、日本はとんでもない方向に突き進んでいます。特定秘密保護法・いわゆる戦争法・共謀罪・モリカケ問題、官僚の公文書偽装・偽証、勤労統計問題・沖縄辺野古埋立て等々数限りありません。特に、「沖縄には戦後はない」との沖縄県民の思いを完全に無視した辺野古埋立ては、万死に値する愚かな行為でしょう。

反事実の法則に反し、小沢一郎総理大臣ならばこんなことにはなっていなかったと考えてしまいます。最高権力者が愚かなため、権力機関の検察・警察も暴走しているのです。私は辺野古に繰り返し行き、講演や反対活動に対する警察（機動隊）・海保の対応を調査しています。そこには私の警察経験からしても想像を絶する警察・海保による暴力が存在していました。被害者は数十人にも及んでいます。埋立て反対活動中に機動隊員から暴行を受けているのです。全治二週間の傷害被害者については、特別公務員暴行陵虐致傷罪で告訴状作成を指導し、警察署まで同行、受理させました。今後数十件の告訴が続くことでしょう。

二〇一九年（平成三一年）一月には、辺野古警備責任者の沖縄県警警備部調査官・東浜《ありはま》警視に「非暴力の人たちに機動隊員が暴力を絶対ふるわないように」と強く申し入れをしました。東浜警視は「適切な職務執行を指示します」と約束し、私の面前では、座り込みをしている人を排除する際等に、お姫さま扱いをしていました。しかし後日談になりますが、私が沖縄を離れてからは機動隊員の暴力が元どおりになったと聞かされました。現役時代、隊長から「非暴力の市民に対しては、絶対に暴言・暴力を慎め」と厳しく指導を徹底されていた機動隊経験者としてとても情けないことです。

対米従属の自民党政権が米軍基地の七〇％を沖縄に構え、さらに数兆円の税金を投入して新たな米軍基地を建設することに反対する市民に対し、警察までも憲政史上最低の為政者に忖度して、暴力で押さえ込もうとしているのです。

さらに、検察までも海保の特別公務員暴行陵虐致傷罪告訴をいとも簡単に不起訴処分にしています。その忖度度は同罪に違いありません。アメリカが事実上日本を支配している体制下では、断じて日本は民主国家ではないといえるでしょう。アメリカにはっきりとものを言えるのは、小沢一郎代表です。小沢一郎総理大臣を待つしかないと私は確信しています。

私はなぜ小沢一郎を支援するのか ――渡なべ 浩一郎

（自由党東京都総支部連合会会長・元衆議院議員）

私と小沢一郎氏とのお付き合いは、私が日本新党で一九九三年（平成五年）七月に初当選した後の新進党からです。それ以来、今年で約二四年間行動をともにしております。当選回数一六回の小沢氏と当選回数二回の私ではその差はあまりにもありすぎですが、年齢差はそれほどでもありません。二歳年下の私にとって、そのことが小沢氏との安定した関係を保てた一因かとも思っております。したがって、政治経験の差は歴然としていますが、人生経験はどっこいどっこいだ、と自分に言い聞かせています。

しかし、私が小沢氏と行動をともにしている最大の理由は、そういうことではありません。最大の理由は、彼の政治理念、政策に納得しているからです。日頃彼は「国民の生活が第一」「政治は生活なり」とした「理念」から、それぞれの政治の「政策」を個々に判断しています。

例えばわが国の安全保障政策を考えてみましょう。中国が台頭し海洋進出をはじめた今日、これに対抗するために、わが国の安全保障をアメリカに委ねるのではなく、国連を中心とした地球規模での警察機構の中で考えようとしています。それは非現実的、理想的すぎるといわれるかもしれませんが、彼のこの考えに私は納得しています。

また、経済政策においても、この低経済成長の時代、社会保障を充実することによって「消費を拡大」し、その結果「景気の回復」を目指す彼の考え方に、私たちも学ばなければならないと思っているほどです。

そうした小沢氏の理念や政策は、未だに実行されておりません。なぜかといえば、政策実行のための権力、すなわち「政権」を今担っていないからです。また過去政権を担ったことは二度ほどありますが、寄り合い所帯の悲しさか、小沢氏以外の当該政治家の政治経験の不足からなのか、政権維持に失敗し、それが今日まで続いているからであります。したがって、我々が本気で小沢氏を支えていくならば、小沢氏の知恵と経験を十分に生かして私たちが政権を担う意識をまず持つべきだと思います。単に現与党を批判する「健全なる野党」では何の意味もありません。

そうした中、小沢氏も、わが国に政権交代が可能な大きな二つの塊をつくることが必要だと言っています。昔のように、保守と革新という二つの塊ではなく、政権交代ができる、場合によっては保守と保守でもよい大きな二つの塊を強く訴えています。政権交代が可能でない国家は本当の民主国家ではない、ということでしょう。したがって、私たちも同じ思いの中、今の与党、徹底して組織戦をする与党から政権を奪ってもう一つの安定した塊をつくっていく努力をしていくべきです。小沢氏はそのことを強く私たちに願っていると思います。

特に、今日の政治状況を見てみますと、野党の各党も政権を担う意欲や努力を、例えばわが国の安全保障政策の歩み寄りからも感じとれますし、またその野党を支援する市民の方々にも、「政権批判」から「政権担当」の必要性を理解しつつあるようです。だとしたら野党、そしてその野党を支える組織、団体および市民一人一人のまとめ役、要として、小沢氏はどうしても必要です。私がなぜ小沢氏を支援するかの最大の理由の一つに、今の野党のまとめ役には彼しかいないと深く考えているからであります。

反権力的な豪腕 ——内山卓也（政治・ファッション評論家）

二〇一〇年（平成二二年）八月一九日。鳩山家の別荘で行われた懇親会には大勢の民主党議員が集まっていた。クールビズ姿の議員の中で、ネクタイを締め、乾杯をしている男こそ、そう小沢一郎氏である。「その男、剛腕につき」。彼はファッションにも「剛腕」が表れている。あの大きな結び目と幅の広いネクタイは、お世辞にもオシャレとは言いがたい。スーツも流行的ではない。がしかし、もし、小沢一郎氏がタイトなスーツに比較的細めのネクタイをしていたら、はたして「剛腕」と呼ばれていただろうか。おそらく、彼が新党をつくっても誰も賛同しなかったはずである。あの「時代遅れ」のファッションは、流行に迎合しない「信念」の表れなのかもしれない。クールビズが当たり前になっている今日でさえ、どんなに暑い日でも、彼は必ずネクタイを締めて人々の前に登場する。そこには、ある種の「反権力」さえも感じさせる。人々はその「反権力的な剛腕」に惹かれているのではないだろうか。

小沢一郎の言葉は日本人の中に永遠に残る　――壺井 須美子

（国民の生活が第一を実現する会 代表）

個人が確立していないところに民主主義は存在し得ません。国会や憲法ではなく、日米共同委員会にわが国を仕切られ、現実に日本の入国手続なしにアメリカ大統領は横田基地から入国することを、国民がそれで良しと受け入れているようでは、自立どころかアメリカの属国状態であり、独立国として世界各国との共生関係を築くことはできないでしょう。

実は政治というものは集団の意識によって動かされるものです。「政治を動かす意識」を変えなくてはならない、と政治の本質を説き続ける小沢一郎は、その点を持ってしても日本には稀有な大政治家なのです。しかし、「自立」という言葉は日本人には受け入れがたいのかもしれません。空気を読み、仲間と違うことを何よりも避けようとする日本人に自立せよと言ってもはじかれるだけかもしれません。だから小沢一郎はずっと攻撃されてきました。小沢一郎は異分子なのです。自分たちの仲間の結束や仲間内の利益を、正論で打ち砕く小沢一郎は邪魔なのです。

西松事件、陸山会事件と小沢一郎攻撃は熾烈を極めました。日刊ゲンダイ以外の新聞・テレビは連日、赤旗や東京新聞でさえも、「小沢一郎の政治とカネ」を一面トップで二年半も報道し続けました。一政治家をこのように長期間、全メディアが徹底的に攻撃し続けることが、今までにあったでしょうか。小沢一郎はそれだけ危険な政治家だったのです。

一方、大枚の税金を使い日本中のゼネコンを洗ったにもかかわらず、検察は小沢一郎に裏金を渡したゼネコンを見つけることができませんでした。そこで検察審査会を悪用し小沢一郎を強制起訴し、小沢一郎を刑事被告人にすることに成功しました。その際、検察は虚偽報告書を作成し検察審査会に提出し、小沢一郎を強制起訴するように審査員を誘導しています。森友学園問題で公文書の改竄が問題になりましたが、すでに検察による公文書の偽造が行われていたのです。

奇怪なことに、小沢一郎に無罪判決が出るまで、いや出た後でも、小沢一郎が起訴されたその起訴理由を知る者はほとんどいませんでした。検察も検察審査会も発表しなかったし、マスコミもまったく伝えなかったからです。

小沢一郎の起訴理由は「土地代金の支払いをした日付で収支報告書に記帳せず、登記した日付で記帳したこと」でした。

これのどこに犯罪があるのでしょうか。それ故、小沢一郎の起訴理由は国民に隠されなければならなかったのです。未だにです。そのことが明らかになれば、検察、検察審査会を運営する最高裁、マスコミ、自民党、彼らが結託して次期首相となるべき国会議員の政治力を奪おうとして冤罪事件をでっち上げた、大疑獄事件の責任を取らされることになるからです。

小沢一郎は無罪になりました。犯罪などないという〝無罪〟です。いつの日か、この小沢事件は日本の憲政における恥ずべき汚点として、点検され暴かれなくてはなりません。

もう一つ浅ましいことが起きました。小沢一郎のおかげで政権与党にしてもらい、大臣や首相になれた民主党議員たちが、冤罪から小沢一郎を守るどころか推定無罪もどこへやら、自分の権力欲から小沢一郎攻撃に加担したことです。小沢一郎を無期限党員資格停止にした岡田克也氏、「引っ込んでいろ」と言った菅首相、他「民主党執行部」の面々です。

小沢一郎はこのことを問題にもしていないようですが、前原誠司氏を除いて、やったほうは自分の後ろめたさと小沢一郎に謝罪もできない器量のなさを乗り越えられずに小沢嫌いとなり、この安倍悪政を前にしてもなお、小沢一郎の野党結集の呼びかけに未だ応えられないでいます。

「本質を把握し、正論で社会の歪を正そうとする政治家」それが小沢一郎です。小沢一郎こそ真の改革者です。そこにあるのは左翼のイデオロギーでもなく、もちろん右翼の国粋主義でもありません。現実のこの日本で起きている問題の本質を見据えた上で、国民のため、日本の未来のためにどこをどう変えなくてはならないかを語る、今の日本の統治機構の本質的かつ具体的改革者なのです。

政治の本質を「国民の生活が第一」の政治を行うこと、と語り、そのためには特別会計の廃止、権限も資金も中央政権から地方政府に渡す地方分権、アメリカ支配を脱し、日米中、アジア各国とも関係を改善する外交を挙げています。

改革を叫ぶ共産党も社会党も今なら立憲民主党も、なぜか語らなかった具体的な日本の統治機構の改革、実はこれこそがお題目ではない、戦後日本の改革、革命なのです。

だから小沢一郎は嫌われる。本質を見、正論を語る人間は嫌われます。まして本当に改革を行おうとする人間は嫌われるのです。自分の既得権が失われるからでしょう。新しいものを生み出そうとする人間は嫌われるのが日本人の体質なのかもしれません。

しかし、それでは済まない時代が幕を開けようとしています。アメリカのプレゼンスは弱まり、経済も防衛もアメリカ頼みでは、日本は凋落の一方です。形だけの「今までどおり」を維持するために、安倍政権は行政と司法とマスコミを支配し、嘘と改竄で政権を維持しています。しかしその裏で、日本の財産は私物化され外国に叩き売られているのです。まるで、オリガルヒに支配された崩壊時のロシアのように。

国民は気づくのでしょうか。小沢一郎が説く「自立と共生」は日本人に理解されるのでしょうか。国民は、「国民の生活が第一の政治」を実現しようとする内閣を、選挙でつくろうと行動するのでしょうか。嘘と隠蔽の安倍政権では日本と日本人を守ることができないと自覚し、今こそ民主的議会政治と、日本を売り渡すのではなく、国民のために働くリーダーが必要であることに、気づくのでしょうか。

これだけ攻撃されながらも、未だ政治生命を失わず野党結集を掲げ、小沢一郎は日本の政治の中心に立っています。小沢一郎は語り続けます、国民にも与野党政治家にも。

この小沢一郎の真摯で熱烈な説得は国民意識の中に浸透していくと思いたいものです。できるだけ早く小沢一郎の呼びかけに応えて野党共闘が実現し、安倍内閣に変わって「国民の生活が第一」の政治を実現する内閣ができることを、ひたすら願っています。

目先の結果はともあれ、小沢一郎の説く「個人の自立と共生」「国の自立と共生」は古代からの日本のテーマであり、特に今、戦後日本の最重要テーマです。我々はいずれこの世界から消えていくが、小沢一郎のこの言葉は、未来の日本人の中に永遠に残るでしょう。

だから、小沢一郎は不滅の政治家なのです。だから、小沢一郎と同時期に生きることができたことは、私の喜びなのです。

小沢一郎、心配りの男　――原田 太吉（元豊島区議会議員）

かつて私は、豊島区議会でただ一人の自由党議員でした。区議会三期目で副議長に就任しました。その祝賀会に小沢氏が党首として祝辞を述べに来てくださいました。小沢氏は「早めに行く」と言って、祝賀会の二時間ほど前に到着し、各種団体の交流会に参加し、出席者と語らい、一人ずつ記念写真を撮ってくれたのです。自由党の支持団体などなかったのですが、出席者の喜ぶ顔は今も鮮明に覚えています。党首が私のために何時間も会場にいることで、豊島区の自由党を強く印象付けてくれたとともに、私の区議会における情熱と自信への背中をも押してくれました。そんなこともあり、私は副議長として良好なスタートが切れたように思います。今でもあの時小沢氏は、私にとって何が最善かを考えて貴重な時間を割いてくれたのだと感謝しています。この〝心配り〟が小沢氏の本質だと思います。今再び自由党の旗を掲げる小沢一郎の〝心配り政治〟を、後進にしっかりと伝授してほしいと思います。

小沢一郎・火の玉応援団 ―― 山梨 愛子（主婦）

福島県会津生まれの会津育ち、幼い頃から、家庭でも学校でも白虎隊精神をたたき込まれ、教育を受けて来ました。このようなわけで、人の道にはずれたことをする者たちを許すことができません。事の善悪を判断できない者、思考力の欠けた者、どんなに立派な肩書を持っていても人格を失っている者たちが集まって、日本の政治を動かしていることです。

嘘に嘘を重ね、やりたい放題、国民をなめきって、ないがしろにし、筋金入りの大嘘つきが、国民の代表でいられるわけがありません。即刻やめるべきです。

このような今の日本国のことを心配し、小沢一郎議員が野党共闘を目指し、何としても政権を取り戻し、平和で安心して生活ができるようにと「国民の生活が第一」のスローガンを掲げ、国民のことを思い、考えておられる姿に、いつも感動しています。

尊敬してやまない小沢一郎議員に、これからも益々活躍していただきたいと思っています。

本当の政治家とは小沢一郎議員のような方をいうのです。

命の炎が尽きるまで応援していきたいと思っています。

この人大好きとは、誰のこと ——白幡 真美（小沢一郎議員を支援する会 会員）

政治家、小沢一郎議員の記録文学、いわゆるルポルタージュ作家の第一人者は大下英治氏であることはいうまでもありません。小沢議員のテレビ放送についても大下英治氏の右に出る作家はいないでしょう。

七年前に、大下英治サロンで、中国の報道紙『人民日報』の日本支社長の韓暁清さんとの初対面の時、私の差し出した名刺の写真を見た途端に彼女から「この人、大好きです」の第一声！　名刺の写真はいうまでもなく小沢議員と握手をしている私。ポーズに奇声を上げた次第です。

会場にはジャーナリストもいることだし、小沢議員の政界情報はやめにして、故郷の文化、文学に造詣の深い法政大学教授の王敏《わんみん》先生へと話題を誘ったら、なんと「私の友だちよ…」の笑顔が返ってきました。

小沢議員の故郷に、二〇一九年（令和元年）五月に日中首脳会議に来日した中国首相の李克強氏は、若かりし頃、ホームステイの体験者だったのです。日中友好の絆はここにありなのでした。

「個人の自立、国の自立」

私が初めて小沢一郎という政治家に注目したのは、この言葉でした。まだ自民党議員だったと思います。政治家でありながら、個人の生き方にまで踏み込むこの政治家は何者だろうかと思いました。しかも使い古された道徳ではなく、「自立」というキーワードが、個人にもこの日本にも欠けているものを、端的に指摘していました。この小沢議員の言葉は、実は「自立と共生」がついていました。「個人の自立と共生」「国家の自立と共生」と表現されるのです。自立だけでは足りないのです。自立した上での共生なのです。これはあるべき社会の人間同士のあり方、国際社会のあり方を同時に端的に表した言葉だと思います。

このように本質的に重要なことを一言で発言できる政治家はあまり存在しません。「国民の生活が第一」も同様です。トランプ大統領の「アメリカファースト」の何年前だったでしょうか。少なくとも今の政治家を探しても存在しないことでしょう。

そういう意味で、そもそも小沢議員は特別な政治家なのです。

小沢一郎と犬養木堂　〜故・広部 敏政氏に捧げる〜

――姫井 由美子
（元参議院議員・自由党岡山連立代表）

▼はじめに

「小沢一郎議員を支援する会」（以下、当会）代表世話人の伊東章弁護士より『続・私たちはなぜ小沢一郎を支援するのか』出版のための寄稿の依頼を受けました。当初、政権交代の第一歩となる第二一回参議院選挙を民主党党首小沢一郎衆議院議員（以下、小沢代表）とともに戦い、当時「姫の虎退治」と話題にもなった私は、民主党勝利でねじれ国会となり、次の総選挙で政権交代をなしとげた小沢代表の功績を書くつもりでした。

ただそれでは、地方を豊かにする政治の実現のため、小沢代表が政権交代により政治の大手術を行ったにもかかわらず、政治家による政治は、官僚を不安にし、大名行列のように税金を使って国会陳情に行かなくても済むように地方で陳情を受け付けるルールにするや財界が激怒し、新しいルールで国民を豊かにする前に、変わりたくなくて潰した人たちのことを書かなくてはならないので、やめることにしました。

そこで、当会で知り合った広部敏政氏（以下、広部さん）の死を受けて、広部さんと親しくなるきっかけになった犬養木堂のことを書くことにします。

▼犬養木堂とは

本名を犬養毅といい、号を「木堂」という(以下、木堂)。一八五五年(安政二年)四月二〇日岡山に生まれ、郵便報知新聞の記者として西南戦争に従軍。立憲改進党創立に参画し、大同団結運動で活躍。一八九〇年(明治二三年)第一回総選挙で衆議院議員に当選、以後一八回総選挙まで連続当選。第一次大隅内閣文相、第二次山本内閣逓相を務める。一九二二年(大正一一年)、革新倶楽部を組織し、一九二四年(大正一三年)加藤高明らと護憲三派内閣を結成、逓相に就任。一九二九年(昭和四年)立憲政友会総裁。

▼犬養木堂会とは

私の出身地岡山の生んだ「憲政の神様」と讃えられる木堂ですが、首相となった一九三一年(昭和六年)五月一五日、「話せばわかる」という名言を残して戦争を進める軍の青年将校たちに銃殺されました。戦後岡山出身者が、犬養木堂会を立ち上げ、木堂の遺徳を顕彰するとともに命日の五月一五日に青山霊園で墓参会を行っています。私も参議院議員時代に会員となり、現在も「犬養木堂会会報」に携わっています。

▼広部敏政さんと木堂と中村屋のカレー

広部さんとは当会の何度目かの懇親会で木堂の話になり、木堂会の会報を送ると木堂の本を贈ってくれました。しかも木堂会代表世話人の金網久夫氏(以下、金網さん)は広部さんと同じ社会保険労務士ということですでに知人でした。広部さんから中村屋のカレーと木堂との関わりを教えてもらうと、実は中村屋の大野執行役員（以下、大野さん）も社会保険労務士仲間とのことでした。そこで、広部さんと金網さんと大野さんと私とで新宿中村屋本店にて木堂の話をしたのです。

かつて木堂は、日本に亡命中のインド独立の活動家、ラース・ビハーリ・ボース（以下、ボース）を支援していました。イギリスからの国外退去命令が下されると、木堂は、当時パン屋であった新宿中村屋の離れにボースを匿いました。後日国外退去命令が撤回された時、ボース自ら腕を振るったインドカレーで木堂をもてなしました。木堂は手紙でインドカレーが大変気に入ったと伝えます。その後、木堂が保証人となって、ボースは中村屋の長女と結婚。ボースは日本に帰化し、木堂は「防須」という漢字を贈りました。中村屋が喫茶部を開設した時の看板メニューはボース直伝の純インド式カレーです。

木堂の追悼会でボースは次のように語ったそうです。

「犬養先生は、内政だけでなく、常に東亜の問題や世界の問題に目を留め、中でも中国、インド、ベトナムに関しては特別心配しておられた。常に私どもと同じ意見を抱いておられ指導助力を惜しまれなかった。犬養先生は、一人の日本の偉人であるばかりではなく、東洋の、否、世界でも最も偉大な人物であった。」

▼小沢一郎と木堂の共通点

私は、小沢代表と木堂についてたくさんの共通点を見つけました。

一つ、大学が同じ。木堂は当時一流の慶應義塾に入り、小沢代表も慶應義塾大学です。ただし、木堂は慶應義塾で成績が一番にわずかの差で次点だった時にプライドが傷つき、退塾しています。小沢代表も絶えずトップの成績でした。〝代表〟が似合います。

二つ、二七歳より政治家になる！　小沢代表は一九六九年（昭和四四年）二七歳の時、衆議院議員に初当選。木堂は、二七歳で東京府議に初当選、その後三五歳の時、岡山選挙区より衆議院議員に当選し、以後連続一八回当選します。小沢代表も現在一七回連続当選で、いよいよ今年は、国会議員在職期間五〇年を迎えます。

三つ、政治腐敗撲滅の政治改革。当時は指名による首相のため、長州閥と薩摩閥が交代で首相をすることの弊害に、木堂は対抗し、五八歳の時倒閣運動に関わり、一九一二年（大正元年）に大正政変をなしとげました。小沢代表も長期化する自民党の一党独裁政治がもたらす政治の弊害を解決するためには、政権交代が可能な二大政党にするしかないと、幹事長まで登り詰めた与党であった自民党を出て、新党を立ち上げ、後に民主党と合流して政権交代をなしとげました。どちらも、政治の腐敗をなくして、民主的な政党政治にするために、純粋に政治改革に取り組んでいます。

四つ、中国との友好関係。木堂は、特にアジアの政治経済に強く思いを抱き、インドの亡命者ボースや中国の革命家孫文を助けました。一九二八年（昭和三年）に関東軍が独断で満州の実力者張作霖を爆殺した翌年に南京で孫文の慰霊式に招かれています。三年後「対中問題の根本的解決ができるのは、自分しかいない」という思いで総理に就任しました。

小沢代表も、日中国交回復を実現した田名角栄の秘蔵っ子として、中国とも友好状態にあります。政権交代した年の「長城計画」では国会議員一四六人の一人として私も中国に同行しました。そして小沢代表は、当時の胡錦濤国家主席と親しく会談されました。

五つ、七六歳にして成る！　木堂は、一九二五年（大正一四年）普通選挙法交付の七〇歳で政界引退しましたが、国民が許さず補欠選挙で復活されました。ところが、総裁急逝で内部分裂回避のため、自由党の流れを汲む木堂とは対立関係の政友会の総裁に就任します。そして満州事変が起こり、木堂は遺書をしたため、悲壮な覚悟で内閣総理大臣に就任しました。時に木堂、七六歳でした。小沢代表も七六歳です。七六歳にして、小沢代表にも、大いなるお役目が天から下されるのでは？　と思うのは、私だけではないはずです。

「敵」と「経済」に対する無知で潰れた　――渡辺 伸介（開業医）

小沢・鳩山政権は、わずか九ヶ月で潰れた。その後の管・野田政権は「敵」の傀儡政権に過ぎない。小沢・鳩山政権は、田中角栄と同じ「敵」に潰されたのだろう。「敵」とは、ディープステート（深層内国家）

であり、軍産複合体に近い。日本を担当しているのは、CSIS・ジャパンハンドラー・CIAらで、その配下は官僚（外務省、地検）・マスコミ・清和会などである。

日米は、吉田・岸により密約が結ばれ、主権の多くを手放した。米軍に治外法権・制空権・裁判権などを与え、米軍人と日本の官僚という屈辱的な日米合同委員会で政策が決められ、ときに国会の上位にもなり得る。「普天間基地の徳之島移転」という鳩山首相の構想を翌日バラシたのは、軍産の官僚とマスコミのコンビである。

軍産は、ISアルカイダを育て中東を戦争状態にし、北朝鮮の核開発を放置し、周辺諸国を緊張状態にしてきた。軍産の安倍内閣も二〇一七年九月の衆議院解散理由が、北朝鮮のミサイルを利用した「国難突破解散」だった（笑）。トランプは、軍産複合体を潰す目的で大統領になった。アメリカファーストとは、覇権放棄で、世界からの米軍撤退を意味する。トランプに「日米安保条約見直し」を突き付けられて、軍産安倍首相は思考停止に陥っている。今後五年間続くトランプと正面から交渉できる政治家は小沢一郎議員しかいない。日本の独立も夢ではない。

「経済」の無知とは、「仕分け」という節約に拘り、消費税を増税しようとしたことだ。

この二〇年間で米国・英国・フランスのGDPは、約二倍に伸びているが、日本は横ばい状態だ。日本だけが、異常に賃金が下がっている。自民党政権は退陣すべきだ。

九九・七％を占める中小企業を消費税が疲弊させ、ＧＤＰの六割を占める内需（個人消費）の中心となるべき中間層を消費税が潰した。トランプの言うように日本の消費税とは「輸出助成金」・「トヨタ税」である。消費税と同時に導入された法人税優遇措置により、トヨタは五年間法人税（国税）を一円も納めず、払ってもいない消費税を毎月二〇〇億円還付されている。庶民や中小企業の納めた消費税一九兆円のうち五〜六兆円が、「輸出戻し税」の名目で輸出大企業に渡っている。国民民主党と立憲民主党の参議院選挙公約には、消費税減税もデフレの脱却政策がない。まともな主張は、山本太郎議員だけだ。

年寄りの火遊びから始まった大衆運動　――橋本 久美（元豊島区議会議員）

私が初めて「小沢一郎議員を支援する会」に参加したのは二〇〇九年の九月、会発足二回目の会合だった。私は、会の名称から誰もが想像するだろうごとく、小沢一郎の支援者が集まる後援会のような団体だと思っていた。しかし参加と同時にその想像はバッサリと裏切られることとなる。この会は、いわゆる政治家の後援会のような、支持者が集まって本人を応援するなんていうなまやさしいものではなかった。

大衆運動への発展

権力が露骨な暴走を見せれば、それを冷静に観察する市民が訝しく思うのは必然である。マスメディアは小沢一郎が有罪であるかのような報道しかしないが、その言説に与しない司法、行政の専門家や評論家たちは、インターネット上で小沢裁判の中立的な分析や検察側の問題点を指摘するようになる。ネットには新聞には載らない論調が溢れることとなった。そんな流れの中で往年の市民活動家たちが立ち上がった。彼らは小沢が民主党代表を辞任した五月に、「小沢一郎議員を支援する会」を旗揚げした。世話人といわれる発起人五人の経歴を見ると、政治的なスタンスにおいては小沢一郎という政治家とはまったく逆といってよい面々であることがわかる。

彼らは六〇年安保闘争から労働闘争まで、それぞれのセクトのリーダーやオルグで名を馳せたのち、地方議員や思想家や組合運動や弁護士などとして人生を歩む。

その中で現在も活動家として表に出ているのは三上治と正清太一である。二人は原発事故後に経産省前に脱原発テントひろばを立ち上げたメンバーでもある。原発反対運動を一般市民まで広げて、首相官邸前や国会前における大規模な反原発運動へと発展させ、現在はテント撤去をめぐって公判中の、生涯現役の活動家たちだ。

このように、かの総理大臣が今さらレッテルを貼るまでもないれっきとした「左翼の中の左翼」の面々が、いったい何故、小沢一郎を支援するのか。

当人たちは「年寄りの冷や水ならぬ年寄りの火遊び」と洒落のめす。彼らの年齢（平均七四歳）から察すると、同窓生の葬儀か、偲ぶ会などで久しぶりに顔を合わせたのがきっかけではないか。酔いに任せて「人生でやり残したこと」を話し合うような機会、ふと小沢の話になる。同じ時代を戦い抜き、イデオロギーは異なるが一目を置いてきた同世代の政治家、権勢を振るっていれば憎憎しいが、あたかもその時は、検察権力のいわれなき猛攻撃にさらされて息も絶え絶えである。義憤にかられた彼らは「義を見てせざるは勇なきなり」とばかりに「一丁助けてやるか」ということになったのかもしれない。高校時分に小沢と同級生であった弁護士がその一座にいたことも、支援する動機としては十分だ。

さて、たとえ「年寄りの火遊び」のつもりで始まったことだとしても、彼らの闘争に次ぐ闘争の人生の中でそんな生半可な運動ができるわけがない。自然に大義がついてきたのだろうか、はじめは左翼の昔馴染みの仲間内だけで会議形式に行われていた会合が、いつの間にか評論家や学者や国会議員が登壇するようなシンポジウムを開催するようになり、参加者数も数十人から数百人、そして千人を超えるまでに桁を上げてゆき、一般市民が集まる大衆運動として発展していった。

今や高齢者に属する彼らは、今流行りのインターネット・ソーシャルメディアを駆使して宣伝活動をしたわけではない。学生時代から現在に至るまでずっと培ってきた横のつながり、連帯と言われる彼ら特有の人脈の広がりによって会の存在が知られて、集会の規模が大きくなっていったのだ。

集会をやるごとにマスメディアの取材も増えてゆき、政治家から参加させてほしいとの申し出があるようにもなった。単なる市民活動を超えた一種のムーブメントを引き起こし、彼らの運動に触発された人々が続々と現れてくることになる。

これまで市民活動に無縁だった一般市民が新たに団体やグループを立ち上げ、「小沢無罪」を掲げて各地でデモを行ったり集会を行ったりした。これらの運動に集まった人々は、どこかの団体に動員をかけられて集まったのではない。新たに立ち上がった人々は比較的若い世代なので、往年の活動家たちとは異なり、それこそインターネット・ソーシャルメディアをフルに活用し、情報を拡散しながら仲間を集めてきた。参加者たちは、本名を名乗らず「ハンドルネーム」で呼び合うなどで匿名性を互いに担保しあい、どこかの政治団体やセクトに入ることなく、好きな運動にはどこへでも現れるという特徴を持っている。市民運動の新しい一形態といえるのではないだろうか。

戦後初といってよい本格的な政権交代により、小沢の剛腕が大いに期待されたが、さまざまな妨害勢力に足を引っ張られて思うに任せず、ついには野田首相による消費税増税という、裏切り行為というべき暴挙に耐えかねて、再び小沢は党を割ることとなる。そして、その後の衆院解散総選挙では、小沢グループは大惨敗を喫してしまった。

その間に小沢裁判はどう決着がついたのか。先に記したように小沢一郎本人は無罪を勝ち取ったが、三人の元秘書は有罪が確定した（その後石川知裕は議員辞職を選択）。三年もの年月をついやした小沢一郎政治裁判は、小沢総理大臣の誕生を阻むという、検察側にすれば快哉を叫ぶべき結果だけを残し、権力の暴走は野放しにされたままで終結を迎えた。

真の民主主義へ

しかし、小沢一郎がどんなにマスメディアから総攻撃に遭い、仲間の議員の裏切りに遭おうとも、小沢を通じて運動をしてきた者たちの闘魂は七年経った今も少しも怯むことはない。民主党を離れた小沢グループの議員の面々は、当時の民主党時代の支援団体や地元後援会から追放されるような憂き目にあった。しかしそのような小沢グループを草の根で支えて選挙を戦うという、真に民主的な政治活動が「小沢一郎議員を支援する会」を通して実現しようとしているのだ。

一水会の鈴木邦男顧問は、この会の世話人正清太一と大学の同窓生である。右と左で思想が異なる者同士ということならば、当然学生時代はぶつかり合ったことだろう。すべてが同じ考えの持ち主などこの世にいるわけがない。過去を許しあう寛大な心と、他は異なるがこの部分は共闘するというような柔軟な心を持てば、年月を経て再会した旧友が、差異を乗り越えて協力していける。私はその好例を小沢裁判とこの会を通じて見聞してきた。

「小沢一郎議員を支援する会」は決して小沢一郎の後援会などではない。小沢一郎に向けられた権力の暴走を国民に知らしめ、日本の民主政治のあり方、そして我々が目指すべき国家のあり方を模索する国民運動なのだ。小沢一郎はその媒介に過ぎなかったのかもしれないが、それでこそ大衆政治家としての役割を果たしたことになるだろう。文中の敬称略をご容赦いただきたい。

野党共闘の構築が急務！ ――小野寺 守（小沢一郎議員を支援する会 世話人）

私と、「小沢一郎議員を支援する会」の関わり初めは、二〇一〇年（平成二二年）の結成大会になります。彼に対する前年からの、東京地検特捜部の異常な捜査、および連日のマスコミによる攻撃の最中での大会参加でした。その後は、支援する会の裏方とし、シンポジウム等の会場の準備等で参加してきた次第です。

さて、平成最後の二〇一八年（平成三〇年）一二月末に、ＮＨＫにて「検証・政治改革法を見る」が放映されました。サブ・タイトルは、「最後の一八〇〇日」で、改革法は、小選挙区選挙法だけがメインでなかったとのことでしたが、各政党の思惑が出てきて、現在の混迷につながっている、という内容でした。

それは、私が原稿を書くために、小沢一郎に関する本を読んでいる最中でした。小沢氏が一九九五年（平成七年）新進党党首の時、「そもそも政治家にとってポストは目的ではない。あくまでも、自分の志を実現する手段で、私の志とは『改革』であるが、はたして日本社会は、私の考えを受け入れる状況になっているだろうか？」と話しています。

その小沢一郎を狙った検察の強制捜査は、捜査機関の政治介入であり、日本の民主主義を大きく歪めた許しがたい行為だったと思うのです。というのは、小沢氏を倒そうとしたのは、最大の既得権益者である官僚機構とマスコミでした。なぜなら、中央集権体制の下、権力と金を押さえ日本を支配しているのが官僚組織で、既得権益を握りしめて放そうとはしません。この官僚と相互依存関係にあるのがマスコミだからです。

その後、政権党である民主党においては、逮捕された小沢氏を擁護するどころか党員資格停止を行い排除に走りました。また、消費税増税を官僚主導で決定的にされ、民主党の失敗の数々により、民主党への失望が自民党への期待に代わって、再度、政権交代を招いた次第です。戦う気力を失った民主党が、幾度も分裂を繰り返したことは見てのとおりです。また、二〇一二年（平成二四年）三党合意（民主・自民・公明）「社会保障と税と一体改革に関する合意」は、踏みにじられ、反故にされています。その後の、安倍一強の独占内閣は、アベノミクス・憲法改正・安全保障などの政策を進めていますが、日本のためになっているかというと、必ずしもそうではありません。個人格差の増大、官邸の独裁、自由な言論封じ込め等を強く感じてきていると、森ゆう子議員は著書にて述べています。私も同感です。

現在の、自民党一強・独占内閣を打破するため、小沢一郎が提唱している野党共闘を、一刻も早く行い、再度の政権交代・実現を急ぐべきと考えます。

私の「小沢主義」――塩川 晃平（小沢一郎議員を支援する会 世話人）

私の小沢主義（オザワイズム）とは

それは、小沢先生個人の主義ではなく、私たちが受け取った、あるいは、真の民主主義を実現するために、私が、あるいは、みんなが考える「小沢主義」である。そのことは、時間、空間の広がりを求めていかなくてはならないのである。それは、理解者を増やす。後進を育成していくことである。

私たちそれぞれも、独りよがりで理解者の増やせない主張ではダメで、小沢先生も、私たちも、真の民主主義を実現するため、一代で終わってはならないのである。宣言するだけでなく、絶え間なく磨き上げていかなくてはならないことである。そのことを、勝手にやっていこうというのが、「小沢一郎議員を支援する会」である。

小沢先生は、しばしば、「民の竈」を引用する。「民の竈」とは、「日本書紀」の仁徳天皇のエピソードとして、

「高台に登って国を望むと、国内から煙が登っていない。思うに、民はもうまったく貧しく、炊飯できるほどの食料も家にないのではないか？　……こういう話を聞いたことがある。〝良き君主の世には、人々は歌を歌い、家々もやすらか〟という歌が古の世にあったと。今、朕は国政にあたって三年になった。歌声は聞こえてこない。煙もまったく登っていない。つまりは、五穀が実らず、民は窮乏しているのだ。畿内ですらそうなのだ。他の国では言うまでもなかろう。」そこで「今より以後、三年に至るまで、すべての庸調（課税）、労役を免除し、民の苦しみを取り除くのだ」と実際に三年間、税、労役を免除したという話である。

自立と共生

小沢先生の言う「民の竈」は、「国民の生活」であり、その生活のベースになるのは、「自立と共生」である。小沢先生の根底にあるのは、日本に対する愛であり、それは、人類愛に通じている。「自立と共生」は、個人、地域、国家、国際とあらゆる段階で求められる。また、人類とそれ以外の事物との共生も含まれる（環境など）。そう考えた時の、私の「小沢イズム」の理解は、以下の通りである。

「自立」とは、人任せにしないで、自ら主体者と認識し、一方的に享受するのではなく、相互に主体者なのだから、ともに生かしていく、共生なのである。それは、真の民主主義の実現である。つまり、市民（国民）が、民主主義の主体者になることである。また、そのために、あらゆるリーダーを育成していくことである。
同時に、そのためには、国家だけを肥大させることではなく、コミュニティー（地方）、ネーション（国家）、インターナショナル（国際）に展開していくことである。それは、左右保革のイデオロギーではなく、アイデンティティーである。

政治（国家）改革

予算規模や社会保障の大小ではなく、国政でなくてもできることは、地方と国際に渡し、国の中心的課題に対して、集中的に議論（民主主義）できる環境づくり。規制緩和をし、官僚政治と呼ばれるような現状を打破していくこと。また、政治への信頼回復（不正防止、公開性など）。

民主主義の基本は、ルールを守ること（どこで決まったのか分からないということではない）と、交代すること（交代しないことは、必ず腐敗を生む）。国民をあきらめさせる政治ではなく、国民に期待を持たせる政治。つまり、投票率が上がったり、主体的に関心を寄せられる政治である。

地方分権

政治の仕組みに留まらず、地方分権は、あらゆる多様性を担保するものであり、夫々の地方で文化を大切にすることは、ひいては、日本のアイデンティティーを醸成する。また、新しい社会の変化（ＡＩ化、ロボット化）に対しても、小回りが利くことになり、成功例を国政に生かすこともできる。

国際主義

グローバル化や多国籍企業、タックスヘイブン、環境、格差や差別の問題では、一国家だけでは、対応しづらくなってきている。

また、いずれかの武力行使に対して、国際社会によって、これを解決していくことである。国際社会（人類）に貢献することが、日本のアイデンティティーを保つことになるのである。

政治家（リーダー）として

政治家は、当選しなければ、価値はない。政治家として、有権者との対話を欠かしてはならない。

しかし、リーダー（政治家に限らない）のその根幹は、主義主張があることである。そして、議論が出来ることである。議論が出来るとは、民主主義の根幹であり、議論に耐えうる主義主張でなければならない。

そして、リーダーの資質は、ぶれないことである。自らの考えを改めることはあるかもしれないが、目先の利益のために、自らの主義主張と異なる言動をとってはならないのである。

その環境により、主義主張がなくても当選するものもいるであろう。

しかし、それは、真の民主主義の政治家ではないし、小沢主義を継承するものでもない。当選しないのは、その主義主張が間違っているのかも知れないし、そこは反省すべきであるし、社会が受け入れてくれないのは、理解されるだけの努力が足りないからである。

妨害があったとしても、それに立ち向かう胆力（小沢先生のように）が必要なのである。

真の民主主義の実現のために

それは、日本人が普通に持っている「お上意識」の変革である。

民主主義の主体者としての自覚がないのである。自立していないのである。民主主義体制とそれ以前の人類のそれとは、大きな意識改革であったのである。

今の日本人は、その意識改革に至っていないのである。相互に、殺されない、略奪されないことで社会性を保てるが、その責任（政治）を持ったのが、王様や独裁者であったが、それに不満で、市民自身が持つことになったのが民主主義である。

すべての人が幸福になれる可能性を持ったのだが、それは、相互に個性の尊重でもあるし、その意見の相違の解決に議論が必要なのである。

議論するとは、相手を理解した上で、妥協や共通理解や相互に了解できる新しい意見にすることである。国会でも、議論を尽くして、与野党の議運で了解して、投票行動に移るわけである。

このプロセスを経ないと強行採決＝民主主義の危機と言われる。もちろん、野党が、党利党略のために投票行動を阻止するのも、忌み嫌わなければならない。

日本はムラ社会構造により、「個性」を殺すように育てられたり、個性的な行動は、敬遠されたわけである。

教育の場面では、知識を詰め込むだけではなく、「考える」教育にシフトしていかねばならないであろう。

「個性の尊重」は、色々な場面で、市民（国民）が、縛られてきたことからの解放＝「自由」なのである。金銭的な制約から、自由を縛られることもあり、社会政策により解放が可能なのだと思う。これらを我々や真のリーダーたちが、率先して意識改革していく、啓蒙していく行動が必要なのだと思う。「個性の尊重」は、相互であり、無制限の権利や自由ではないことも理解しなくてはならない。

市民（国民）が、民主主義の主体者であるということを認識していくことで、真の民主主義を実現させられるのだと思う。

小沢一郎の本質

小沢先生は研究者ではないので、論理的整合性を求められるものでもないし、政治は実践的であるから、先生の政治生活の中で、考えを常に高めているということもあるだろう。

そして、自民党から離党したとは言え、すでに一定の立場を確立していたのに、さらにそこから、「自分自身が変わらねばならない」との見識を示し、実践したのである。その中心、本質は何なのか？ それは、政権交代のできる政治体制なのではないだろうか？

政権交代が起きることで、各党、政治家が切磋琢磨する。それは、政策の精度が上がることであり、また、不正や腐敗が起こることを防止することである。それは、百年の計である。そして、真の民主主義を確立することであり、最終的に「民の竈」に繋がるのである。

私が小沢一郎議員を支援するわけ

自民党時代の小沢先生は、「笑わぬプリンス」であった。すでに、豪腕とも言われていたが……、私もあまり政治に関心がなく、「嫌な感じだな」と思ったぐらいであった。

ところが、西松建設事件が起きたのであった。国策捜査だと思ったし、民主主義の危機であると思った。しかし、先生は、無罪を勝ち取った。

私は、メディアを通じて知るだけのことで、まったく、私の思い込みであるが……、内部に色々あるのが政治だろうし、政治家であろう。国策捜査の激しい追及で、秘書さんには、大変なプレッシャーが掛ったことであろう。下手な事務所では、先生に罪をかぶせる強要をされ、自白に追いやられることもあるだろう。もちろん小沢先生は潔白であったわけだが、それでも先生の周囲が、先生に罪を及ばせなかったことは、それら秘書さんの頑張りであったろうし、頑張らせたのは、先生の人徳であったのだろうと思えた。やはり、他の政治家とは、異なるな!と思えたのである。

そして、民主党を離党する頃には、メディアでは、先生は、にっこり笑うようになったのである。

それは、偏向と思えなかった。自らの信念を具現化するために、自己改革したと私には思えた。そして、著書などをあたってみても、先生の信念は首尾一貫しているのである。

個人的な感想であるが、そして最近はあまり聞かないが、機会あるごとに先生が、「等距離外交」と言っていたことが印象的であり、私のシンパシィにあうものでもあった。それは、私を目覚めさせたものでもあるし、私の、真の民主主義、真の日本の自立に波長があったのである。

人は巨大なものに飲み込まれてしまいやすいものである。それに抗うことは、並大抵のことではない。私も一人では出来ない。しかし、先生は、確かに立脚している。だから、支援する以外、私の行動が取りようもないのである。

私たちはそれぞれ時期は違うが、西松建設事件以来、小沢先生に関する報道に触れ、国策捜査ではないかという疑念にかられ、民主主義の危機であると心から心配したものであった。そして、同時に小沢先生は、あらゆる方面からの執拗な攻撃に対し、一切、立場を変えることなく、信念を貫いているように見えたのである。

私たちは、その容姿などから小沢先生のファンであるわけではない。上記二点から、現在の日本において、「真の民主主義を実現」出来る人物として、「小沢一郎議員を支援する」ために集まったのである。

小沢先生が優れているのは、最終目標に向けて、ブレないことである。そして、その目標以外は、枝葉末節であると認識していることである。すると、外側から見ると、小沢一郎の本質には、無限の「空」や「無」が広がっているのではないだろうか？

それは、哲学的に「自我」のなかの自我でないかもしれない「空洞」……、つまり本人も分析できない領域かも知れない。それはまた、小沢一郎の度量の大きさにも繋がるのではないだろうか？　それはまた、ブラックホールの様に様々な人の言っていることを吸い込んでいく。受け止めていく。人によっては、反応が分からなくてもどかしくなったりするのだろう。

また、人によっては、嫉妬を感じたり、老獪さとして感じて、忌避する態度にさせる場合もあるのだろう。それが、小沢一郎なのではないか？　唯一無二の存在で、誰も真似できるものではない。

その点では、誰も小沢一郎の後継者はいないのである。

しかしながら、多くの人に影響を与え、「民の竈」に集約される思想やブレない態度は、それら人の中、それぞれに継承されていくのではないだろうか？

それは、無意識でも、無関係でも、「民の竈」や小沢流のブレない態度は、小沢を継ぐものなのである。

広部敏政先生追悼　——森　哲子（小沢一郎議員を支援する会 世話人）

「小沢一郎議員を支援する会」の発起人・世話人の一人で、闘病中でもあった広部敏政先生（享年八一）が七月二三日に逝去されました。心配した台風の影響もなく、目白聖公会にて御家族、御親族、多くの友人たちが参列し、通夜の祈り、葬送告別式と滞りなく無事に終了いたしました。広部先生は、学生時代の安保闘争を経て旧・社会党に入党後、豊島区議会議員・豊島区議会副議長を歴任し半世紀以上にわたり政治活動をなさっていました。約一〇年前、広部先生は小沢一郎議員の小さな「西松事件」の新聞記事を発見し「これは必ず小沢一郎議員のところまで行き着き大ごとになる」と早くも鋭く指摘され、当時の民主党の議員に電話をされていたことなどを昨日のように思い出します。そして、伊東章弁護士たちとの「小沢一郎議員を支援する会」の発足、SNSなどとは無縁でしたが政治に対する熱い情熱と、長い政治活動に基づく幅広い人脈、骨のある言動。素早い行動力や鋭い慧眼には、敬服しました。最後に、友人のみんなも知らなかった広部先生とキリスト教信仰について奥様にお話を伺いました。奥様のお話では戦後の混乱期に広部先生のお母さまのお薦めもあり、一七歳の時赤坂の日本キリスト教団にて洗礼を受けられ、子どもが小さかったころは日曜日に一緒に教会に通ったこと。広部先生の古いプロフィールにも、一八歳の時、神戸の三浦清一牧師（石川啄木の妹の夫）で旧社会党の県会議員・社会活動家と一緒に活動し影響を受けたことも書かれていました。広部先生は亡くなる一カ月前ぐらいに奥様に葬儀はキリスト教で取り行ってほしいと希望されていたようです。

まったく政治に興味のなかった私ですが、広部先生と同じ職場で「小沢一郎議員を支援する会」の雑用を手伝ううちにすっかり、私は小沢一郎信者になってしまいました。これも広部先生の導きだと感謝いたしております。

ありがとうございました。

神の御許へ召された広部敏政先生が安らかに憩われますよう心よりお祈りいたします。

「小沢一郎議員を支援する会」活動記録

二〇一〇年（平成二二年）に発足した本会は、集会・シンポジウム、会報の発行、ブログ等での発信による活動を行ってきました。初期の活動記録は二〇一一年（平成二三年）三月に発行した『私たちはなぜ小沢一郎を支援するのか』に記載しました。ここでは、その後の活動記録を掲載します。

「小沢一郎議員を支援する会」活動記録（会報・ブログ）から

司法部を巻き込んだ小沢一郎攻撃

二〇一一年一〇月二一日開催　第六回シンポジウム

「小沢一郎議員を支援する会」会報　第六号（二〇一一年一一月一〇日発行）より

※役職・肩書は会報掲載時。発言文責は本会事務局

二〇一一年九月二六日、小沢一郎議員の元秘書三名に対する政治資金規正法違反被告事件について、東京地裁は三名全員に対して有罪判決を宣告しました。本来、他の国家権力から独立して司法権を行使すべき裁判官がかくも行政権力におもねる理由は、いったい何なのでしょうか。最早、裁

判の経過を傍観しているだけでなく、国民の大きな運動のうねりで裁判所を取り囲み、無法な判決を書かせないための国民的運動を展開していく時にきています。

◆第六回シンポジウムに五〇〇名超が参集

小沢一郎議員の元秘書に対する有罪判決（石川知裕衆議院議員＝禁錮二年・執行猶予三年、大久保隆規元秘書＝禁錮三年・執行猶予五年、池田光智元秘書＝禁錮一年・執行猶予三年）を受けて、本会は第6回シンポジウムを「司法部を巻き込んだ小沢一郎攻撃」のタイトルで一〇月二一日、東京・豊島公会堂にて開催しました。

当事者でもある衆議院議員・石川知裕氏と衆議院議員・川内博史氏、衆議院議員・辻恵氏、参議院議員・森ゆうこ氏、評論家・植草一秀氏、元大阪高検公安部長・三井環氏、そして共催団体の日本一新の会代表・元参議院議員・平野貞夫氏らを講師・パネラーとしたシンポジウムには、約五〇〇名が参集する盛大なものとなりました。

東京地裁の登石郁朗裁判官による全員有罪の判決は、世間の予想を覆したものでした。ありもしない小沢一郎議員と建設業界との金銭的癒着関係と、ありもしない水谷建設からの一億円の献金を妄想した挙げ句、だから秘書たちは、億の金額を虚偽に記載したものと断定したのです。

また、西松建設についても、正当な政治団体をダミーと決めつけ、西松建設の献金なのに、ダミーの献金として虚偽記載した、と断定したのです。判決は、そもそも、検察が起訴してもいない水谷建設の献金についてまで判断をし、それを根拠にして元三秘書を有罪としたものです。現在の司法部が、最早司法の独立を自ら投げ捨て、積極的に行政権、官僚に協力していることに尽きます。

私たちが自由、権利の最後の拠り所としていた裁判所までが私たちの権利、自由を侵害し、かつ、国権の最高機関である国会あるいは国会議員に対する侵害を行っている状況は、完全なるファシズムと言わざるを得ません。私たちは、このような日本の現状に大きな危機意識を持って対処しなくてはなりません。今回のシンポジウムでは、私たちとしては、最早、裁判の経過を傍観しているだけでなく、国民の大きな運動のうねりで裁判所を取り囲み、無法な判決を書かせないための国民的運動を展開していくことを確認しました。

◆小沢に脅威を感じているグループが「事件」をつくっている ――衆議院議員 石川知裕氏

「取り調べ内容をもとに意図的なリークを行い、あなたに不利な世論をつくっている。あなたは自分を守るためにその内容を記録しなさい」という佐藤優氏からのアドバイスにしたがって私は、任意の取り調べについて、その内容を録音しました。その結果、裁判所は、その際の取り調べ調書を証拠に採用しないという結果になったのです。そういった経緯から、私は今回の判決には期待を持っていた。しかし、あのような判決が出た。

推認に推認を重ねる今回の判決は、不当なばかりか、今後の裁判制度そのものに悪影響を与えるものだ。検察官が想像したことを、あたかも事実であるかのような「証拠」を揃え、裁判官に「事実」だと思わせることで判決を引き出すということが行われるのは、とても危険なことだ。

今回の一連の事件は、政権交代や裁判員裁判や司法改革などが行われる時期に生じた。西松建設事件の当初、取り調べの刑事は、「取り調べの可視化など、本当にできると思うのか」と調べの合間に私に何度か聞いてきたが、これは、これまでの検察のあり方を変えかねない小沢一郎という政治家に対して脅威を感じているからなのだろうと私は感じた。

今民主党政権は非常に不安定な状態にある。それは、小沢一郎という政治家が、中心にいないからだと考える。こうした中、私がまずやるべき仕事は、この裁判に勝つことだと考えている。

◆雪冤、冤罪をはらす取り組みが必要だ　——衆議院議員　辻　惠氏

冤罪をはらす取り組みを「雪冤」(せつえん)という。過去にもそのような取り組みがたくさんあった。それらに学びつつ、今回の一連の裁判を闘っていきたい。

今回の裁判は、証拠主義、推定無罪といった裁判の基本からはずれている。しかも、検察庁に出向していた者が、戻ってそのまま裁判官になるといった構造が問題である。検察の問題は裁判所の問題であり、わが民主党政権は、そのようなものを糾していかなければならない。

◆民主主義の根幹・裁判所の問題を注視していこう　——参議院議員　森ゆうこ氏

本来非公開とされる検察審査会の内容が、その当事者らによって意図的に外部に流されたり、審査会のありようについて最高裁らが「一切知らない」とコメントしたりと、相変わらずの状態にある。検察審査会の問題はもちろん、検察の体制の見直し、民主主義の根幹を守るべき裁判所、裁判官の問題を私たちは注視していかねばならない。

私は今、文部科学副大臣というポジションにある。このポジションで動きづらい点では、他の代議士と連携し、そして今のポジションだから可能なことについては、より積極的に取り組んでいきたい。

◆真の民主主義を実現するために力を結集しよう　——衆議院議員　川内博史氏

日本には未だに民主主義は実現していないのではないかと思う。ここにいる皆さんとともに、日本に、真の民主主義を実現していこう。

政治はいったい誰のために、何のためにあるのか、答えは簡単である。国民のためにあるのである。ところが、今の民主党は政権維持のための政権になっているのではないかと言わざるを得ない。政権交代の時に国民に約束したことは、どうなっているのだろうか。今や、自民党よりも自民党的政権となっている。今こそ、日本の歴史や文化に立脚した政治を進めていくことが必要だ。危機的な状況を乗り越えるためにも、真に国民のための政権をつくるために、大きく力を結集していこう。

◆司法・検察の劣化は民主主義の危機である　――元大阪高検公安部長　三井　環氏

小沢裁判だけでなく、私の検察官時代を振り返って考えてみても、捜査で必ずしも証拠が得られなくても、検察がこれだと決めたらそれで進む。捜査や裁判を有利に進めるためにリークを行う、そういったことが行われていた。検察の組織的な犯罪が行われていることを知るためにも、取り調べの全面可視化は必要だ。現在のような日本の司法・検察の劣化は、民主主義のあり方そのものの危機となる問題である。今ここで国民が立ち上がらなければ、重大な事態になる。

◆登石裁判長を「裁判官弾劾法」に基づき罷免を　――日本一新の会　代表　平野貞夫氏

西松事件について、私は一貫して「検察ファッショ」だと主張してきた。しかし、私の主張はなかなか浸透しなかった。小沢氏も初公判の陳述の中で、一連の強制捜査について「明白な国家権力の濫用であり、民主主義国家、法治国家では到底許されない暴力行為である」と断じている。これからの運動の展開としてまず、九・二六判決の登石裁判長を「裁判官弾劾法」に基づいて、罷免するため訴追請求を行う運動を展開していこう。

「小沢一郎議員を支援する会」活動記録（会報・ブログ）から

小沢一郎議員に対する控訴審無罪判決についてのお知らせ

※役職・肩書は会報掲載時。発言文責は本会事務局

二〇一二年（平成二四年）一一月一九日

【小沢一郎裁判、高裁でも無罪判決、無罪確定へ】

本年（二〇一二年＝平成二四年）一一月一二日、小沢一郎議員に対する陸山会事件の控訴審判決（政治資金規正法違反事件）が言い渡されました。

主文は、「本件控訴を棄却する」ということで、東京地裁第一審無罪判決が維持されました。

判決は、第一審とほぼ同じく、陸山会に対する四億円の「貸付金」、平成一六年に購入した土地

代金の支払いを、それぞれ収支報告書に記載しなかったこと等は違法としたものの、小沢一郎議員には記載しなかったことについての違法性の認識（記載しないことが違法であることを認識していたこと）がなかったことを無罪の理由としました。

さらに高裁判決は、三人の秘書についても、平成一六年の代金支払を平成一七年の収支報告書に記載したこと（いわゆる期ズレ問題）について、違法性の認識がなかった、という突っ込んだ判断をしています。

そもそも、小沢一郎議員が秘書に交付した四億円は陸山会に貸付けしたわけではなく、また、土地の所有権移転登記手続が平成一七年に行われている以上、代金支払の事実を平成一七年の収支報告書に記載したことが違法とは言えない（そのことは証人として出た弥永筑波大教授の証言でも明らかである）のであるから、違法性の認識がある、ないに関わらず無罪のはずです。

しかし、一審も二審も、そこまでの事実認定はしませんでした。

高裁判決において、三人の秘書の違法性の認識も認めなかったことから、一一月一四日に始まった三人の秘書の控訴審裁判には、少なからぬ（よい）影響を与えることが期待されました。

一一月一四日の第一回公判では、弁護人が申請した水谷建設がらみの一億円の授受を否定する証拠が不採用となり、早くも暗雲が立ちこめています。

この三年間にわたる民主党政権の裏切り、お粗末さによる政治の崩壊、民主主義の破壊を思うと、小沢一郎議員の無罪判決を素直に喜べないのが本心です。

三人の秘書を含め、小沢一郎議員に対する冤罪が完全に晴らされた時こそ、私たちが心から笑える時だと思います。

私たちとしては、それまで引き続き闘いを継続してゆかなくてはならないと思います。

なお、一一月一七日付朝刊の報道によると、三名の指定弁護士は高裁判決に対して上告しない方針であるとのことです。

ごく当然のことながら、それが事実であるならば大変喜ばしいことです。

本年一一月一二日の無罪判決を受け、当会では年内に小沢一郎議員をお招きして「無罪報告集会」を開催する予定でした。

ところが、ご承知のとおり石原都知事の突然の引退によって一二月一六日には都知事選が行われ、また、野田阿呆総理の錯乱によって、一一月一六日国会解散、年内総選挙の日程が入ってしまったため、年内政治的な集会を開催することは不可能となりました。

このため、当会では、各種選挙が終了し、政局が一段落した来年一月以降に、「小沢一郎議員を支援する会」の運動の総括を込めて、無罪判決報告集会を開催することにしました。

ロクでもない民主党政権のおかげで、日本はメチャクチャにされておりますが、一刻も早くマトモな政党の躍進によって、建て直しをしてもらうほかありません。
私たちも一層の努力を続けたいと思っておりますので、引き続き温かいご支援をお寄せくださるようよろしくお願いいたします。

小沢一郎議員を支援する会　代表世話人　伊東　章

「小沢一郎議員を支援する会」活動記録（会報・ブログ）から

小沢一郎と日本の新しい政治

二〇一一年六月一六日開催　第五回シンポジウム
「小沢一郎議員を支援する会」会報　第五号（二〇一一年八月三一日発行）より
※役職・肩書は会報掲載時。発言文責は本会事務局

◆現在の政府は国家の体をなしていない

国家というものが、国民の生命・財産を守るためにあるとすれば、現在の政府は、まったく国家の体をなしていない。

六月一六日に行われた当会第五回シンポジウム「小沢一郎と日本の新しい政治」は、文京区民センターにおいて約四〇〇名の出席者参加のもとで盛大に行われました。

当日は、国会議員の森ゆうこ氏、川内博史氏、辻惠氏の三氏、元国会議員の平野貞夫氏、評論家の副島隆彦氏、植草一秀氏という豪華なメンバーが出席され、貴重な報告と活発な議論がなされました。また、会場には太田和美、早川久美子の各衆議院議員、姫井由美子参議院議員も駆けつけ、力強い挨拶をされました。

途中、副島隆彦氏と川内博史議員の間で激しい討論がなされましたが、万人に開かれた当会のシンポジウムとしては、全体的に見て実りあるものでありました。

◆議員は何を考えているのかを確認する　——世話人　三上　治

三・一一の大震災以降、我々は集会を控えいろいろと考えてきた。そして、民主党は小沢一郎への処分を一度解除し、団結しこの困難を乗り切るべきではないかと考えたのだが、そうなっていない。大連立の議論も含め、政争に明け暮れている感がある。今日は民主党の現職の国会議員も多数参加しているので、国会では今、何があり、議員は何を考えているのかを確認し、我々のとるべき行動を考えたい。

◆我々が声を上げるべきことは何か　――主催者挨拶　代表世話人　伊東　章

本来、息絶えるべきであった菅政権は、大震災によって生きながらえている。一方で、小沢一郎は蟄居させられたままである。昨年九月の代表選以来、我々は実に悔しい思いをしてきた。そして震災後も我慢に我慢を重ねてきたが、もうそれは限界にきている。二〇〇九年の夏に誕生した新しい政権が目指したものは何か、それが今どうなってしまったのか。国家というものが、国民の生命・財産を守るためにあるとすれば、現在の政府は、まったく国家の体をなしていない。政局もいろいろ動いているようだが、今日はその状況についても報告していただき、我々が声を上げるべきことは何かを考えていきたい。

◆覚悟がない人がトップにいる　――コメンテーター　参議院議員　森ゆうこ氏

検察審査会は調べれば調べるほど、さまざまな問題が浮かび上がってくる。小沢議員に対する起訴議決は無効であると自信を持って言えるが、無効を勝ち取るためにはまだまだ越えなければならない壁がある。諦めずに取り組んでいく。思えば昨年九月、「総理をコロコロ変えるべきではない」というまったく無責任な理屈だけで菅総理の続投を決めたことが、この大震災後の混乱の原因だ。

今回の震災、原発事故などへの対応は、皆初めてのことばかりである。例えば子どもたちの疎開など一つとっても、さまざまな反対や異論がある。それらを一つ一つ、地元を説得し、責任を持ってやっていく覚悟が求められている。そういう覚悟がない人がトップにいるのが現在の状況だ。しかし、私たちは諦めずに戦っていきたい。

◆原発事故を利用する勢力に惑わされるな　――コメンテーター　評論家　副島 隆彦 氏

私はまず現場を見るべきだと考え、多くの人にそれを言ったが、議員も誰もそこに行こうとしていない。私は、三月一九日からの自分の現地視察で、最悪の事態は避けられたと考えている。原発事故は確かにあった。しかし、その事故を利用し、国民を洗脳しようとする力が働いていることを我々は見落としてはならない。そのためにも、過度に怯えたり、情報に踊らされないようにすべきだ。もちろん、この事故を起こした東電に対しての責任追及は徹底してやっていかねばならない。

◆嘘つきをリーダーにしてはならない　――コメンテーター　衆議院議員　川内 博史 氏

野党が出す不信任案に賛成するとは何事だという批判もあるが、我々がそうしたのは、菅総理は嘘をつくからである。そういう人をリーダーとしていては国を誤ると考えたからだ。消費税率アップを「公約だ」と言って選挙に臨み、惨敗してもその責任をとらなかったことなど、枚挙にいとまがない。三月一二日には福島原発にヘリコプターで視察に出かけたが、そのヘリコプターにＮＨＫを同乗させ、視察の様子を撮影させた。そのことによって、東電は予定していたベントができず、爆発につながった。これは事実だ。私は震災直後に福島に行き、放射能の数値が極めて高くなっていることを知った。ところが、拡散予告は一切されなかった。この責任を政府はとらねばならない。

◆マスコミと草の根の最終戦を勝ち抜こう　――コメンテーター　評論家　植草一秀氏

私は不当な逮捕により人格攻撃を受けている。私は潔白であることを申し上げる。そうでなければこのような場に出て来れないし、出れば同席の皆様に迷惑をおかけするからである。最近出版されたカレル・ヴァン・ウォルフレン著の『誰が小沢一郎を殺すのか？〜画策者なき陰謀』に、小沢議員を例にこうした策謀の存在が示されている。私は今の日本の政権にとって大切なことの一つは政治の原点に還ることにあると考える。政治の原点は「国民のため」であり、国民の意思は「選挙」である。選挙に敗北した菅政権は、国会の不信任案の可決の有無以前に、民意により交代を迫られていたのである。二つ目は政権の正統性を大切にすべきだということである。小沢氏に脅威を抱いた竹下氏による三宝会設立以来の執拗な小沢攻撃を乗り越え、政権交代の道筋をつけた小沢氏は、大久保秘書の逮捕により代表を降りた。だが、大久保逮捕は完全な誤認逮捕であることがわかった。本来であれば小沢政権が成立し、現在も続いていたはずだ。にもかかわらず、民主党は仙谷氏らにより「乗っ取られた」形になっている。菅総理が降りて小沢総理となることが憲政の常道だ。三つ目は、今まさにマスメディアと草の根情報の最終戦争が行われている。マスコミの情報は、皆大きな力の「イキがかかっている」情報だ。この情報に惑わされず、インターネット等を通じ正しい情報を拡散していくことが大切だ。

◆世直しのための問題点が見えてきている ——コメンテーター　衆議院議員　辻　惠氏

検察審査会や小沢氏をめぐる関連裁判を見ていて感じるのは、裁判制度そのものを揺るがす内容だということだ。菅総理はすぐに辞めるべきだと考えているが、新しい代表が選ばれても、それも来年の九月までが任期だ。小沢氏が大手を振って首班指名を受けられる条件づくりが必要だと考えている。西松建設、水谷建設、政治資金規正法違反のでっち上げなどなど、小沢氏を陥れようという動きは、これまでの既得権益を守ろうとする勢力が、小沢潰しに躍起となっていることだ。それを軸にここ二、三年の政治状況が動いているというのが実情だ。本来、二〇〇九年には小沢一郎のもとに新しい日本ができているはずだったが、それを潰した勢力との余計な戦いに日時が費やされている。だが、この戦いで世直しのための本当の問題点が見えてきている。

◆国民のためにならない民主党はいらない　――　コメンテーター　日本一新の会　平野貞夫氏

日本では歴史的に、大地震後に大きな時代の変化を迎える。坂本竜馬は大地震に遭遇し考え方が変わったという。竜馬の人生が変わったように、多くの人は大地震を経験すると考え方が大きく変わるものだ。今回の大震災と原発事故とで、人々は大きく変わるだろうし世の中も変わるはずだ。そして、一番変わるべきは政治家だ。代表が公約をまったく翻したのであれば、国会の内閣不信任案を待つまでもなく、民主党は自ら党において代表を降ろすべきだ。政治家には背後霊がついている。つまり政治家は嘘をついているように見えるが、背後霊が入れ替わるのだ。菅も悪いし鳩山もよくない。だが、そういう個人を批判するのでなく、そういう人がでてくる背景を問題にすべきだ。古代より政治は、真実の政治をする勢力と、茶番で政治する勢力の戦いで、真に国民のための政治をするためにどうあるべきなのかを政治家は考えるべきだ。政党が先ではない。国民のための政治ができないなら、民主党もいらない。

「小沢一郎議員を支援する会」活動記録（会報・ブログ）から

日本に真の民主主義を実現させるための戦線を構築しよう

「小沢一郎議員を支援する会」会報　第八号（二〇一三年一月三一日発行）より

※役職・肩書は会報掲載時。発言文責は本会事務局

◆自民党圧勝の意味と私たちの活動の今　――小沢一郎議員を支援する会 代表世話人　伊東　章

当会は、小沢一郎議員に対する政治弾圧について支援をするために結成された。とりあえずは、小沢議員に対する裁判が無罪確定となったため、一応の目的を達したとも言える。しかし、その後もマスメディアによる小沢叩きは収まることはなく、相も変らぬネガティブキャンペーンが続けられている。そのことが今回の総選挙における日本未来の党の惨敗の一因と言えなくもない。

その上、石川知裕議員をはじめとする三名の小沢一郎議員の元秘書に対する冤罪裁判も進行中である。それ故、私たちとしては引き続きなんらかの形で小沢一郎議員の支援をしてゆかなくてはならないだろうと思う。

小沢グループが民主党を離脱した今、党組織もないに等しく、また、労組などの支援団体もない

現状では、当面これを補完すべきグループの存在が必要不可欠である。

私たちの会も今後そのような目的の下で継続してゆくべきではないだろうか。そうした認識の下で、平成二五年以降はさらなる飛躍をしなくてはならない。

近日中に改めて当会会員、支援者の方々に対して、私たちの行動方針をお知らせをしたいと思う。いかなる事態にも怯むことなく私たちの目標に向かって邁進しようではありませんか。

引き続き一層の御支援をお寄せくださるようお願いします。

◆原点に立ち返った運動の展開を！　——世話人　窄頭 正春

「小沢一郎議員を支援する会」を立ち上げて今年で満三年を迎えようとしている。

この間、シンポジウムを八回も開催し延べ五〇〇〇名強の仲間が集会に参加した。会報も八号出し、会としては順風満帆の航海を満喫していたのが恥ずかしい。

ある日突然、驚愕的な出来事に遭遇する。それは、昨年末の衆議院選挙の結果である。下馬評で「ていたらくな民主党」の大惨敗は織り込み済みの当然の結果としても、「ゾンビ安倍晋三」がこんなに圧勝するとは誰をもが予想しなかったと思う。

三年目を迎えた今日、わが会の理念についてもう一度振り返る必要があるように思い、「井の中の蛙」でいたことを恥じ入る。

二〇〇九年八月の総選挙で自民党政権から民主党に政権が交代した。このことは、何を意味するかといえば半世紀以上にわたって支配してきた自民党政権から本格的な民主主義政治の幕開けになったということです。ところが「民主党のおおバカ三大将」菅・仙谷・野田の輩は、今回の政権交代は民主党が圧倒的多数の国民に支持されたと勘違いしたことで、三年経った年末選挙で喜劇の幕を閉じることになった。

今回の交代劇は、「自民党より少しはマシかな」という程度で選択された政権交代であったというのに民主党の傲慢さが招いた結果であり、直ちに解党し国民に土下座すべきである。

半世紀以上にわたって君臨してきた自民党はやはり「柔な政党」でなかったことが今回証明されたともいえる（権力のうまみを味わった者は、殺されても握ったものを放すことをしない）。権力を奪還するために彼らは、小沢一郎潰し一点に絞り（小沢を潰せば残りは小僧っ子の集団だからどうにでもなる）、「財界」「権力の走狗マスコミ」「利権を貪る薄汚い高級官僚」「アメリカ」等を総動員し、最後は民主党にまで手を突っ込み小沢潰しに成功するわけである。

作家の大沢在昌氏がマスコミについて興味ある発言をしている。「一般人と有名人で、罪と罰にひらきがある」。罰とは裁判所の下す刑ではなく、マスコミによるさらし者のことをいう。

まさにこの間の小沢叩きについて、無を有にして騒ぎ立て犯罪的役割を担ったマスコミは、この発言を肝に銘じて反省し、権力の走狗を止めたまえ。

我々の会は、結成当初から異常なまでに執拗な小沢一郎潰しに胡散臭いものを感じとって立ち上げたわけだが、政治状況は以前より悪化したように見える。この会も、節目の時期に来たと言えるが、当初の理念「日本に真の民主主義を確立するために」に向け、もう暫らく運動を存続させなければ気持ちの整理ができない。

皆様のご支援をお願いします。

◆戦いは終わらない　――世話人　広部敏政

わが国は一応表向きは三権分立（立法、司法、行政）とはなっているが、ある政治学者はこれに異議をとなえ、三権に加え「アメリカ」「財界」「マスコミ」「官僚」の七権だという。アメリカは戦後占領以来どう日本を支配するか、政界はもとよりあらゆる分野で大学、シンクタンクに至るまで支配を考えてきた。

最近では、アメリカ国務省対日責任者だったアーミテージが著書の中で、小沢一郎氏排除について、①ここ一〇年ワシントンに来てない、②三〇〇人もの国会議員を連れて中国に行った、③国連中心主義で決議が必要だと、ロシア、中国の拒否権がある限りアメリカの世界戦略に同調しない、と公言している。

小沢政権樹立直前になってその政権阻止にあらゆる力を行使してきた。検察司法の度重なる捜査にもかかわらず立件できないと、今度はわけのわからない「検察審査会」を利用し強制起訴に持ち込み、裁判で無罪になった。が、指定弁護士の策動によって「控訴」され、これも無罪になり、さすがの指定弁護士も勝訴が見込めないと三審への上告を断念し無罪が確定した。

この間、民主党前原氏は三審へと進めとばかりの発言を繰り返したことは記憶に新しい。

この無罪判決を政界の人々は何と理解しているのか。党員権資格停止を決めた人々、また各党の幹部、自民党谷垣、高村、稲田、公明党山口、漆原、社民党福島、所属していた民主党では、江田、仙谷、枝野氏等冤罪に加担した。特にこの人々は皆弁護士資格を持った政治家である。人権に対し最も強く意識を持たなくてはならぬ人たちである。しかし、人権侵害に対する発言を未だに聞かないばかりか、引き続き小沢氏を非難している。

特に民主党政権の主だった菅、野田、江田、仙谷、藤井氏は万死に値する。「控訴」無罪確定で私たちの使命も終わったように思うが、まだ三月一一日に元秘書石川氏他二人の裁判も残っている。引き続き運動を進めるのが至当と考えるが、皆で協議したい。新しい年も旧年以上にご支援をよろしくお願いします。

◆年末選挙を終わって　――世話人　正清太一

年末、人々が多忙を極める最中に行われた総選挙（都知事選を含める）は私たちの側の完敗に終わった。そして、安倍自公政権が復活した。

私たちは、「脱原発」、「消費税値上げ反対」、「TPP参加反対」、「沖縄米軍基地縮小、オスプレイ配備をやめろ」と訴えて戦ったが、選挙の結果はまったく反対の方向に転換した。

選挙大敗の原因はいろいろある。マスメディアの影響、投票率の低下、我々の側の政党多数化の現実などを挙げることができるが、原発を推進し、対米従属を進めてきた自公政権の復活は私たちにとってとても許せない現実となった。

私たちはその状況を踏まえて、私たちのこれまでの活動を振り返って、根本的な分析と、原因の解明をすべき時を迎えている。

大企業の利益より国民の生命と健康第一の政治を実現しようという訴えは有権者の投票判断に影響を与えなかったし、尖閣列島に中国が攻撃してくるというメディアの報道に左右された。国民にとって最大の課題である「原発をやめさせるべきである」との七〇%以上の意向は、オリンピック招致や経済不況の脱却に相対化され、若年労働者の就職不安はかき消されてしまった。「自己責任という新自由主義」の風潮が未だに横行している。

私は、今回の選挙は、大企業労組と町内会と宗教組織に私たちの主張はかき消され、敗退したと思う。多くの市民運動に関わった人たち、特に無名の若い女性たちは、今回の選挙で今日の公選法の実態を痛感したことと思う。

今回の選挙を通じて、選挙の結果に失望せず私たち一人一人が立ち上がらなければ世の中は変わらないことを改めて確信していただきたいと思います。そのためには、野党に成り下がった国会議員の方々が、主要な課題を中心に、違いを乗り越えた協同の取り組みを進めていただくことを求めたいと思います。

私たちの取り組みで判明した裁判所の運営の問題点もその公開化と民主化を要求しなければなりません。特に今回行われた「最高裁裁判官」の適格審査については、メディアではほとんど論議されていません。実態は、以前の七名に比べて、有権者の一〇名以上の×印投票が行われています。この投票については報道のあり方も含めて私たちとしては新しい課題と考えています。

◆小沢一郎事件は終わったのだろうか　――世話人　三上　治

「政治資金規正法違反」の容疑に問われた小沢一郎の裁判は無罪が確定した。そして選挙では自民党が圧勝した。これには一見すると何の関係もないように見えるがそうなのだろうか。世の中はそのように受け取られて行ってしまうのかもしれない。そんなことはあるはずはないのだが、そうした現象は僕らをなんとも言えぬ気持ちにさせてしまう。これが権力の恐ろしさなのだろうとは思うが、やりきれぬ思いを募らせてしまうのだ。

小沢一郎を政治的に排除する。民主党が政権にある間は政治的監禁状態にしておき、民主党の指導部を変節させる。そこまでが権力の構想したプログラムであったのかもしれない。自民党がここまで圧勝するとは思っていなくて、自公民の政権をという構想だったのだろうか？　それが民主党の指導部というか、そこに巣くう面々のあまりの政治的だらしなさが彼らの構想を超えて自民党を圧勝させてしまったのだろう。

だが、今さらこんなことを詮索しても致し方ない。僕らはこの間の小沢排除の政治劇をしっかりと脳裡に刻み込んで闘いを継続するしかない。これは本当に細い糸のように困難なことである。

だが、どれほど細い糸であろうと可能性のある限り、闘いは続けられなければならない。僕には不思議というか、どうしても納得がいかないことがある。なぜ、民主党の指導部の面々は小沢（鳩山も含めて）排除に狂奔し、民主党の党内一致の体制を取らなかったのであろうか。チャンスはいくらでもあったはずである。大震災や原発事故はその機会だった。菅直人は小沢＝金権政治家というイメージで、その排除により自分も民主党も人気は上昇すると考えたのだろうか。あるいは民主党の圧勝劇から自分たちの権力の座は安泰と高をくっていたのか。あるいは秘密裡に権力との取引があったのか。もっと積極的に小沢を政治的監禁状態においておくことに協力したと憶測できないでもない。検察審査会の起訴をめぐる不可解な事態はそれを十二分に裏付けるものだと思う。これは自分なりに探求したい課題として残したいが、それにしてもこの権力のシナリオは巧みであったというほかない。

西松建設事件から「政治資金規正法違反」事件までは二つのステップがあった。前者は厚労省事件も含めて民主党が権力の座に就くのを阻止するためのことであり、後者は政権交代後のことである。さらに言えば、こちらも検察が小沢一郎の起訴を追及している段階と検察審査会で起訴に持ち込む段階がある。

僕らはいずれも小沢一郎の政治的監禁（排除）が権力の目的であったことを記憶しておかなければならない。

「小沢一郎議員を支援する会」活動記録（会報・ブログ）から

この国の民主主義の危機を救いたい

熱気の中、小沢氏が決意を表明

「小沢一郎議員を支援する会」会報　第一〇号（二〇一三年四月二四日発行）より

※役職・肩書は会報掲載時。発言文責は本会事務局

◆第九回シンポジウムに八三〇名を超える参加者

第九回シンポジウムが三月七日（木）に豊島公会堂で開催され、会場は、一階席、二階席ともいっぱいの盛会。参加者は八三〇名を超えた。熱気の中、小沢氏が登場すると、会場は一気に盛り上がりを見せた。

◆集団催眠からの覚醒を！　――世話人・総合司会　三上　治

新政権下で経済が好転したかのように見せかけつつ、権力のたくらみは続く。小沢氏は無罪を勝ち取ったものの、秘書たちの裁判は進行中だ。〝集団催眠〟にかけられたような今の日本社会。闘いはまだまだこれからだ。

◆引き続き監視を強化　――代表世話人　伊東　章

まさしく、当初から仕組まれた〝政治裁判〟であった。この三月には、小沢氏の元秘書であった三名の方の裁判が高裁で判決の日を迎える。予断を許さない。引き続き、監視の目を強化していかなければならない。

◆おかしな民主主義を正せ　――「日本一新の会」代表／元参議院議員　平野貞夫氏

日本には、本当におかしな「民主主義」が定着してしまった。正しいデモクラシーに直していかなければならない。今年の参議院選挙を勝ち抜こう！

◆仕組まれた小沢裁判で国民の損失　――経済評論家・経済学者　植草一秀氏

米国が背後にある「人物破壊工作」の標的に小沢氏はされた。国民にとって大損失だ。対米従属の偽「維新」が横行するが、本物の「維新」を取り戻さなければ。二割の国民が覚醒すれば、政権は奪還できる。

◆強制起訴は違憲である！　――弁護士／元参議院法制局第三部長　播磨益夫氏

〝あみだくじ〟で選ばれたような法律のずぶの素人による強制起訴、これは「違憲」である。そもそも、プロの検察も起訴できなかった事案だった。

◆不適格検察官を罷免へ　――前衆議院議員　辻　惠氏

この一連の事件はまったく権力側のヤリ得。落とし前もない。大阪の村木厚子（労働官僚）さんの事件でも、検察官の適確性が問われている。特捜の佐久間や田代を罷免に追い込まなければならない。

◆悪いのは検察　――元大阪高検公安部長　三井　環氏

素人集団の検察審査会のメンバーに罪はない。判断を誤らせるような情報を意図的に流した検察、だました検察の罪である。

◆国策捜査で失ったもの　――衆議院議員　石川知裕氏

私が所属する「新党大地」の代表、鈴木宗男氏も再審請求をしている。国策捜査とは、闘わなければならない。小沢氏の場合も同様、国策捜査で国民が失ったものは大きい。

◆権力が恐れる政治家・小沢一郎 ——一水会顧問 鈴木邦男氏

国家権力がこれだけ策を弄して小沢氏を葬ろうとしたのは、とりもなおさず、権力が小沢氏を恐れていることの証左だ。諸外国のしたたかな政治家たちと渡り合えるのは、小沢氏だけだ。

◆異常なメディア、なかんずく「朝日」——評論家 宮崎 学氏

近年、メディアの小沢批判は並々ならぬものがあったが、なかんずく「朝日」が口汚く、執拗に小沢氏を責めたてた。小沢氏にばかり「説明責任」を求めながら、自社の説明責任は、どうなのか⁉ 戦前の翼賛体制を思い出す

◆冤罪など簡単だ！ ——元愛媛県警巡査部長／元阿久根市副市長 仙波敏郎氏

検察庁は、日本を動かす力を持っている。冤罪など簡単にできる。権力がその気になれば、誰もが逮捕される。他人事ではない。

◆「卒・小沢」に向けて　――元衆議院議員　二見伸明 氏

「脱・小沢」ではない。「卒・小沢」だ。小沢さんの人格、政治的力量に学び、各々がわが力とし、小沢さんに頼り切るのではなく、皆の力で前進すべき時代なのだ。意気消沈している暇などない。やろうじゃないか！

◆間違ってはいないから！　――前衆議院議員　東　祥三氏

皆さんの熱いご支援にもかかわらず、前回の選挙で力及ばなかったことはお詫びする。しかし、自分たちの主張が間違っているとは思っていない。国民の命と暮らしを守る。これを要諦に、捲土重来を目指す。

◆最高裁事務総局を見逃すな！　――参議院議員　はたともこ 氏

検察の暴走もひどかったが、検察審査会を牛耳っている最高裁事務総局、ここに潜む大問題を見逃すわけにはいかない。世紀の大冤罪を引き起こした元凶であると確信する。来る参院選には、絶対負けられない。

◆元気を出さずにいられない　——前参議院議員　中村哲治氏

あれほど惨敗しながら、なぜ元気でいられるのかと、私は落選した仲間にいぶかられる。政治家が元気でない時、皆さんが立ち上がろうとしている。それで、政治家が元気にならなくてどうするのか。

◆「違憲」の選挙でよいのか　——前参議院議員　姫井由美子氏

昨年末の衆院選に、「違憲」の判決が下った。違憲の選挙で議席を占めた議員たちに牛耳られているまがい物の国会。真の民主主義を取り戻す選挙をしよう。

◆小沢塾の精神で　——前衆議院議員　相原史乃氏

「小沢一郎政治塾」も第一三期を迎えるが、私はその第一期生だった。以来、小沢氏を信頼し、多くを学んできた。今こそ、この精神を生かして、立ち上がりたい。皆さんのご支援を請う。

◆政権奪還に再びチャレンジ　——生活の党代表　小沢一郎氏

民主党政権では満足な成果を上げられず、自身も責任を感じる。ただ、一定数の得票で自民が議席の大半を占めた今回の選挙でも、小選挙区制の恐ろしさを見るが、反面、これはまた政権奪回の可能性をも示すものである。

◆三月七日大集会の御礼

小沢一郎議員に対する陸山会事件の無罪判決の確定後、初めて当会主催の国民大集会が開催されました。

当日は、主役である小沢一郎衆議院議員（生活の党代表）が初めて当会の集会に出席されるということもあって、会場の豊島公会堂は、一階、二階ともに立ち見が出る程の盛況でした。

集会には、この三年間当会に対して絶大なる支援を寄せていただいた会員、非会員及び約二〇名に上る国会議員、前国会議員、学者、文化人の方々が出席され、小沢一郎政治裁判の総括について熱く語られました。

集会の中盤に参加された小沢一郎議員に対しては、期せずして会場から発せられた小沢コールがしばらくの間鳴り止まない状況で、改めて日本における小沢人気のすさまじさを思い知らされました。

集会の前半には、出席の現・前国会議員及び学者、文化人の方々から、今回の小沢政治裁判の持つ危険な本質が余すところなく語られました。

続いて登壇した小沢一郎議員からは、当会をはじめとする多くの支援団体に対する感謝の言葉と、将来の再度の政権獲得に向けた力強い闘争宣言が発せられました。

昨年暮れの総選挙において、国会における民主勢力が大きく後退したというものの、国内外の政治経済情勢は、再び民主勢力が多数派を占める可能性を十分示唆しています。

五人の年寄りが、年寄りの冷や水ならぬ年寄りの火遊びのつもりでスタートさせた私たちの運動も、その後の皆様の熱烈な御支援のおかげで、今や日本の民主主義運動に少なからぬ影響力を及ぼすまでになってきました。

小沢一郎政治裁判は、そのスケープゴートとされた元秘書の裁判として、これからも当分闘われることになります。

また、先の総選挙敗北の後、民主勢力の体制挽回のための闘いも始まったばかりです。

小沢一郎議員を支援する会の運動を、今後どのような形で発展させてゆくべきかを、現在私たちとしては真剣に討論しております。

いずれにしろ、三月七日の国民大集会を大成功に導いてくださった皆様に対し、世話人一同心からの感謝と御礼の気持ちをお伝えさせていただきます。

小沢一郎議員を支援する会　世話人一同

「小沢一郎議員を支援する会」の活動関連年表

年月日	本会の活動と小沢一郎議員の動向	政治・社会の出来事
二〇〇三年		
九月二六日	自由党が民主党に吸収合併。小沢「一兵卒となる」	
		▼第四三回衆院選で民主党一七七議席獲得。衆参で二〇〇議席を超える（一一月九日）
一一月二七日	小沢、民主党代表代行就任	
二〇〇四年		
七月一一日	小沢、党副代表就任	
二〇〇五年		
		▼郵政解散。第四四回衆院選「小泉劇場」で自民党躍進（九月一一日）
九月一一日	衆院選で民主党惨敗。岡田代表、小沢副代表辞任	
二〇〇六年		
		▼堀江メール事件（二月）
四月七日	小沢、菅直人を破り第6代民主党代表に選出	
四月二三日	千葉県衆議院議員補選で無名の新人候補「キャバクラ嬢」こと太田和美を当選させる	

二〇〇七年
▼第二一回参議院選挙、民主党は改選六〇議席を獲得し参議院第一党に。野党全体の過半数を得る（七月二九日）
▼安倍晋三首相辞任（九月一二日）
▼内閣総理大臣指名選挙において参議院で小沢が指名されるが衆議院の優越規定に基づき福田康夫が首相に（九月二五日）

二〇〇八年
▼リーマンショック（九月）
九月二一日　小沢、民主党代表選に無投票で3選
▼オバマが米大統領選勝利（一一月四日）

二〇〇九年
三月三日　小沢の公設秘書・大久保隆規と西松建設社長・澤幹雄が政治資金規正法違反で逮捕
三月四日　小沢の地元事務所の捜索
三月一二日　東京地検特捜部は石川知宏衆議院議員を参考人聴取
三月二四日　小沢の公設第一秘書と西松建設社長が起訴される
五月一一日　西松建設疑惑関連で公設秘書の逮捕をうけ、小沢、民主党代表を辞任
五月一七日　小沢、選挙担当の代表代行に就任

▼大阪地検特捜部が厚生労働省局長・村木厚子を郵便不正事件で逮捕

九月三日　鳩山が小沢に幹事長就任を要請

九月一五日　幹事長就任

▼鳩山内閣発足（九月一六日）

一一月四日　〝市民団体〟が政治資金規正法違反容疑で告発

二〇一〇年

一月一五〜一六日　石川衆議院議員、秘書大久保隆規、他一名を逮捕

二月四日　秘書三名が起訴、小沢は嫌疑不十分で不起訴

二月五日　窄頭と伊東が会談し、小沢支援の組織結成を確認

二月二六日　広部、三上、正清らを加え「小沢一郎幹事長を支援する会」発起人会を開催

四月二七日　東京第五検察審査会は小沢に対し起訴相当を議決

五月八日　**「小沢一郎幹事長を支援する会」結成大会**（於・総評会館）。**六〇名参加、声明文採択**

五月二一日　東京地検特捜部により不起訴

六月一日　「小沢一郎幹事長を支援する会会報」（以下。会報）第一号発行。国会議員への会設立報告と会報発送

六月二日　小沢、幹事長を辞任

六月二六日　会報第二号発行

▼第二二回参院選、自民改選第一党に。民主敗北し「ねじれ国会」へ（七月一一日）

七月一五日　東京第一検察審査会は不起訴不当を議決

七月二六日　「小沢一郎議員を支援する会決起集会」（於・山の手ビル）を開催。四〇名参加

九月三日　本会第一回シンポジウム『「小沢一郎」を考える』（於・総評会館）を開催。二〇〇名参加

九月六日　本会、検察審査会に対する第一回目の質問状を提出

九月一〇日　会報第三号発行

九月二一日　▼郵便生事件での検事・前田恒彦らが証拠隠滅で逮捕

九月二九日　本会第二回シンポジウム「鈴木宗男・検察を語る」（於・総評会館）を開催。三〇〇名参加。

検察審査会のへの抗議文、第二回目の質問状を提出

九月三〇日　東京地検特捜部により小沢不起訴

一〇月四日　東京第五検察審査会は起訴議決することを公表

一一月二四日　本会第三回シンポジウム「検察・メディア・民主党」（於・豊島公会堂）を開催。五五〇名参加

一二月二四日　本会を中心に「検察審査会（法）問題研究会開催（於・憲政記念館）を開催。

一二月二七日　指定弁護士に対する公開質問状提出

二〇一一年

一月三一日　強制起訴
二月九日　本会第四回シンポジウム「検察審査会の疑惑を解明する市民と国会議員の集い」（於・憲政記念館）を開催。市民五五〇名、国会議員四五名参加
二月二二日　民主党常任幹事会により「強制起訴による裁判の判決確定まで党員資格停止」処分が提起
三月一日　会報第四号発行
▼東北地方太平洋沖地震（東日本大震災。三月一一日）
三月一五日　本会、東日本大震災に際し「緊急声明文」を発表
三月一六日　小沢一郎「東北関東大震災に際して」を発表
三月一七日　『私たちはなぜ小沢一郎を支援するのか』発刊
五月二〇日　菅内閣不信任案否決。その後、菅退陣を迫っていた小沢に、民主党は三カ月の党員資格停止処分の決定
六月二日　本会第五回シンポジウム「小沢一郎と日本の新しい政治」（於・文京区民センターシビックホール）を開催。四〇〇名参加
六月一六日　東京地方裁判所は大久保と秘書2人の共謀を認定
八月二六日　▼菅総理、正式に退陣表明（八月二六日）
八月三一日　会報第五号発行
九月二六日　秘書三人に対し有罪判決を言い渡す

一〇月二一日　本会第六回シンポジウム「司法部を巻き込んだ小沢一郎攻撃―小沢一郎議員と三名の元秘書に対する裁判の動向」開催（於・豊島公会堂）。二〇〇名参加。

一一月一〇日　会報第六号発行

二〇一二年

一月一二日　検察官・田代政弘を報告書の虚偽苦悶書作成・行使・虚証の容疑で告発

一月三一日　会報第七号発行

三月二三日　本会第七回シンポジウム「小沢政治裁判を終わらせよ！―今こそ真の民主主義を取り戻そう」開催（於・豊島公会堂）。二〇〇名参加。

四月二〇日　本会協力（第八回シンポジウム）、「四・二〇「STOP！権力の暴走」国民大集会」（於・文京区民センターシビックホール）、一千二〇〇名を集め開催。

四月二六日　東京地方裁判所の第一審で陸山会事件に関する無罪判決。党員資格回復

七月二日　小沢、同調する議員五〇人と民主党に離党届提出

七月一一日　「国民の生活が第一」を結党

八月一四日　会報第八号（総括号）発行

一一月一二日　東京高等裁判所が一審を支持

一一月一九日　上告が断念されたことで陸山会事件における小沢の無罪が確定

一一月二八日　「日本未来の党」へ合流

▼第四六回衆院選、自民が圧勝し政権を奪還、第二次安倍内閣発足（一二月一六日）
一二月二八日　「生活の党」に改称、森ゆうこが代表に就任

二〇一三年
一月二五日　小沢、生活の党代表に就任
一月三一日　会報第九号発行
三月七日　本会第九回シンポジウム「小沢一郎議員の無罪判決確定報告と石川知裕、大久保隆規、池田光智元秘書の無罪を勝ちとる国民大集会（小沢裁判の総括）」開催（於・豊島公会堂）。八三〇名参加。
三月二七日　大久保と元私設秘書の有罪が確定
三月一三日　東京高裁は大久保に禁錮3年執行猶予5年の判決
四月一九日　東京第一検察審査会は田代元検事の不起訴不当を議決
四月二四日　会報第一〇号発行
六月七日　小沢一郎議員を支援する会「三周年記念レセプション」（於・中央大学駿河台記念館）で開催
七月四日　会報第一一号発行
▼第二三回参院選、自民大勝し衆参「ねじれ」解消、民主は大敗（七月二一日）
七月三一日　田代元検事再捜査の上不起訴処分
▼特定秘密保護法成立（一二月六日）

二〇一四年

▼消費税8%スタート（四月一日）

五月二三日　会報第一二号（総集編）発行。シンポジウム「小沢一郎ならどうする――これからの日本の政治と外交」開催（於・豊島公会堂）。

九月三〇日　石川の有罪が確定

▼安倍政権、野田政権と約束した消費増税先送りを目的に解散（一一月二一日）。

▼第四七回衆院選、自公圧勝（一二月一四日）

一二月二六日　山本太郎が生活の党に入党し、「生活の党と山本太郎となかまたち」に改名

二〇一五年

二月二〇日　本会共催「日本政治の行方を考える市民と国会議員の勉強会」（於・衆議院第一会館多目的ホール）開催

▼安倍政権に批判的な元経産官僚・古賀茂明、テレビ朝日「報道ステーション」を降板させられる（三月二七日）

六月一二日　本会共催「第二回・日本政治の行方を考える市民と国会議員の勉強会」（於・衆議院第一会館多目的ホール）開催

▼安全保障関連法案成立（七月一五日）

二〇一六年

二月一八日　本会主催「翁長沖縄と共に闘おう！東京大集会」（於・豊島公会堂）開催。三〇〇名参加
▼民主党に維新の党らが合流し「民進党」結成。代表・岡田克也
五月一〇日　会報第一三号発行
▼第二四回参院選、自公改選議席上回る七〇議席、憲法改正勢力三分の二に（七月一〇日）
▼小池百合子が東京都知事当選（七月三一日）
九月一六日　本会「集会・祝！参院選当選・目指せ！衆院選勝利」（於・主婦会館プラザエフ）開催。
一〇月一二日　生活の党と山本太郎となかまたち、党名を「自由党」に改名
▼トランプが米大統領選勝利（一一月八日）
▼TPP関連法成立（一二月九日）
▼カジノ法案成立（一二月一五日）
一二月二〇日　会報第一四号発行
二〇一七年
三月一五日　会報第一五号発行
▼衆参両院予算委員会で籠池泰典の証人喚問（森友問題・三月二三日）
▼新設の獣医学部の認可に安倍総理関与の疑惑（加計問題・五月一七日）
▼読売新聞、安倍に批判的な元文部科学事務次官・前川喜平の援交疑惑を報じる

（五月二三日）
▼共謀罪法・テロ等準備罪施行（七月一一日）
▼地域政党「都民ファーストの会」を母体に国政政党「希望の党」結成（九月二五日）
▼民進党、事実上の解党。小池の「排除」発言（九月二九日）
▼枝野幸男ら旧・民進党議員が立憲民主党を結成（一〇月三日）
▼第四八回衆院選、自民二八四議席で圧勝、自公与党で三分の二超の議席確保（一〇月二二日）

二〇一八年
▼財務省決裁文書の改竄が報道される（森友問題。三月二日）
▼民進党と希望の党が合併し、「国民民主党」結成。代表・玉木雄一郎（五月七日）

六月二三日　本会「いかにして安倍自公政権を打倒するか―野党共闘と政局の流れ」（於・としま産業振興プラザ）開催。『続・私たちはなぜ小沢一郎を支援するのか』出版・編集委員会発足
▼働き方改革法成立（六月二九日）

七月一五日　小沢一郎政治塾にて小泉元総理が講演、脱原発で共闘
九月三〇日　前・自由党幹事長玉城デニーが沖縄県知事に当選。次点に約八万票の差

二〇一九年
四月二六日　自由党、国民民主党と合併

あとがき　～私たちの活動の継承について

「小沢一郎議員を支援する会」　代表世話人　伊東　章（弁護士）

二〇一〇年（平成二二年）五月八日に結成した当会は、今年で早くも一〇年目を迎えていました。

国民を真に代表する民主党政権の誕生という歴史的快挙に国中が興奮している最中に起きた、いわゆる「小沢事件」に対して、私たちは大きな危機感を抱いて、この会を起ち上げたのです。

はじめは周囲から奇異な目で見られながらの五里霧中の活動でしたが、シンポジウムを重ねるたびに参加者の数が増えていき、ついには小沢支持運動の中心に位置するようになりました。

運動のクライマックスは、なんと言っても、小沢議員が検察審査会による二度の起訴議決を受けて裁判所の指定弁護士による強制起訴をされた時です。

私たちはいち早く検察審査会の不当性に着目し、何度も検察審査会に押しかけました。

検察審査会については、その運用の違法性だけでなく、そもそも憲法違反の組織であることまでが、多くの国会議員、法学者からも指摘されるようになりました。

私たちの運動の甲斐もあってか、約二年後の二〇一二年（平成二四年）一一月に、小沢議員に対する無罪判決が確定しました。

しかし、その時にはすでに野田総理率いる民主党は、安倍自民党との間で消費増税と衆議院解散の合意をし、城明け渡しの態勢に入っていたのです。

小沢裁判では勝利したものの、その代償は、二〇〇九年（平成二三年）にようやく勝ち取った民主党政権、民主的政権の喪失という、あまりにも大きな犠牲でした。

その後に続く安倍長期政権は、民主党の前の自公政権―に比べても、はるかに反動的で反憲法、反民主主義の色彩を強くしています。

もちろん、民主党政権が掲げていた国民の生活が第一の政策はまったくといっていいほど姿を消し、今や憲法九条の廃止と軍事大国化、労働基本権の蹂躙、消費税増税の政策が大手を振っています。

私たちは当会の運動の中で、小沢攻撃は民主党政権潰しであり、日本の民主主義潰しであることを当初から訴え続けてきましたが、今やそのことは誰の目から見ても明白なこととなっています。

そして、その目的として利用された「小沢事件」がまったくのデッチ上げにすぎなかったこともまた、今や誰の目にも明らかです。

しかし、そのデッチ上げによって騙された国民や政治家は、せっかく獲得した自分たちの政権を、いとも簡単に手離したばかりか、権力に対して手も足も出せない状態に追い込まれています。

私たちは今こそ、一〇年前に起こされた「小沢事件」というものを思い返し、一刻も早くこの日本の劣化、文化的滅亡を食い止めなくてはなりません。

私たちが今回、会の結成以来一〇年目にして、あえてこの冊子を発行する目的は、あの民主党政権の失敗と、その引き金となった「小沢事件」の真相を振り返ることによって、再度「国民の生活が第一」の政治を取り戻すためのヒントを、ここからくみ取っていただきたいと考えたからです。

思えば、「小沢事件」とは奇しき縁で結ばれていました。

小沢一郎君とは小石川高校時代のクラスメイトでした。

そして、小沢議員を強制起訴に追い込むことになった検察の偽造捜査報告書を作成したとされる検察官は、私が媒酌人をした人物でした。

その上、その検事が検察審査会に審査申立てをされた時に指定弁護士として立ち会った元検察官の弁護士が、私と小沢一郎君の高校のクラスメイトでした。

私としては、「小沢事件」というものが、純粋に日本の民主主義に対する脅威であるとの認識でこの会をスタートさせたものの、いざふたを開けてみたら、このような人間の縁で結ばれていたことは、夢にも想像していませんでした。

当会がスタートした時からの世話人であった五名（広部敏政、正清太一、三上治、窄頭正春、伊東）のうち、広部と正清は、昨年と今年、それぞれ他界しました。

残る三人のうち、三上も窄頭も病を抱え、万全ではありません。

このため、現在では、森、小野寺、塩川ら、一世代若い世話人が会を継いでいます。

「小沢事件」という特異な政治謀略事件に触発されてスタートした当会も、さまざまな主観的、客観的状勢の変化の中で、その存在意義が問われています。

また、私たちが敬愛してやまない小沢議員も喜寿を迎え、あと何年間、日本の政治の第一線で活躍できるのかもわかりません。

とはいえ、この会の名称は「小沢一郎議員を支援する会」であると同時に「日本に真の民主主義を確立する会」としています。そうである以上、本当の意味での民主主義日本が生まれるまで運動を続けることは、この会を起ち上げた者の義務だろうと考えます。

私たちの運動が小さく細くなって、例え蟷螂の斧と言われても、このような運動をねばり強く続けることが、民主主義を実現することにつながるのだと思います。

そして、いずれ私たちに続く幾世代の人たちが、私たちの細やかな運動の軌跡を見て、その轍の上を歩んでくれるものと期待しています。

私たちは、一〇年に及ぼうとする運動の中で、実に多くのことを学ぶとともに、多くの問題提起をしてきました。

しかし、そのほどんどの問題が何ら解決されないままに反動の時代を迎えてしまいました。特に検察審査会のあり方の問題をはじめとする司法部と行政部の関係と問題については、多くが依然として暗い闇の中に放置されたままです。

その後、刑事裁判の分野では、裁判官が検察官になったり検察官が裁判官になったりする人事交流制度である判検交流の制度が廃止されたことは、唯一、私たちの運動の成果として特筆されると思います(民事・行政部門では依然存続)。その他の問題については、私たちを継ぐ世代の人々が、いずれ、しっかりと解明、解決してくれることを期待して、あとがきとさせていただきます。

最後になりますが、本書の出版にご協力をいただいたすべての皆様に心から御礼を申し上げますとともに、今後の当会への変わらぬご協力をお願いいたします。

そしてまた、本書第一巻の出版の時から本書の出版に至るまでの間、会のシンポジウム、会報の発行などで採算を度外視して、渾身の協力をお寄せいただいた諏訪書房の中川順一社長とスタッフの皆様には、言葉では言い表せないほどの感謝の気持ちを捧げます。

二〇一九年(令和元年)七月一日

【参考（順不同）】『検察の罠』（森ゆうこ）／『小沢一郎はなぜ裁かれたか―日本を蝕む司法と政治の暴走』（石川知裕・佐藤優）／『今だから小沢一郎と政治の話をしよう』（堀茂樹）／『最後の小沢一郎』（鈴木哲夫）／『誰が小沢一郎を殺すのか？画策者なき陰謀』（カレル・ヴァン・ウォルフレン）／『アメリカに潰された政治家たち』（孫崎享）／『二〇人の識者がみた「小沢事件」の真実―捜査権力とメディアの共犯関係を問う！』（鳥越俊太郎・木村朗）／『それでも私は小沢一郎を断固支持する』（山崎行太郎）／『悪党―小沢一郎に仕えて』（石川知裕）／『雑巾がけ：小沢一郎という試練』（石川知裕）／『小沢一郎の権力論』（小塚かおる）／『真説！小沢一郎謀殺事件』（平野貞夫）／『野党協力の深層』（平野貞夫）／『小沢一郎の最終戦争』（大下英治）／『小沢一郎と田中角栄』（大下英治）／『日本改造計画』（小沢一郎）／『小沢主義 志を持て、日本人』（小沢一郎）／『文芸春秋』二〇一九年一月号・七月号／『月刊BOSS』二〇一九年三月号・七月号／『小沢一郎戦記』（WEB RONZA）／『ウィキペディア』／『一水会新聞』／『東京新聞』／『朝日新聞』／『毎日新聞』／『読売新聞』／『産経新聞』／『日刊ゲンダイ』ほかを、本書編集にあたって参考にしました。

小沢一郎議員を支援する会

代表世話人　伊東　章
世話人　窖頭　正春
世話人　三上　治
世話人　小野寺　守
世話人　森　哲子
世話人　塩川　晃平

続・私たちはなぜ小沢一郎を支援するのか
日本に真の民主主義を確立するために

二〇一九年七月二五日　第一刷発行
二〇一九年七月三〇日　第二刷発行

著　者　小沢一郎議員を支援する会　代表　伊東　章
発行者　中川順一
発行所　諏訪書房
　　　　株式会社　ノラ・コミュニケーションズ

郵便番号一六九―〇〇七五
東京都新宿区高田馬場二―一四―六
電　話　〇三（三二〇四）九四〇一
ＦＡＸ　〇三（三二〇四）九四〇二
メール　info@noracomi.co.jp

印刷所　株式会社善光堂印刷所

ISBN978-4-903948-82-9 C0031